# METODO FUNNEL SCIENTIFICO

IMPARA A CONOSCERE I TUOI POTENZIALI CLIENTI, ATTRAILI E CREA CON LORO UNA RELAZIONE DURATURA

PAOLO GATTI

PAOLO GATTI

METODO FUNNEL SCIENTIFICO

Questo libro è stato in gran parte prodotto durante la quarantena per il Coronavirus. Questo a testimonianza del fatto che, anche dai momenti più bui, può nascere qualcosa di buono.

Copertina a cura di Fabio Costante

© 2020 Paolo Gatti

ISBN: 9798642796962

Prima edizione: giugno 2020

É possibile scaricare le immagini a colori del volume dal link: https://bit.ly/3d7X26p

Tutti i diritti riservati. Nessuna parte di questa pubblicazione può essere riprodotta, distribuita o trasmessa in qualsiasi forma o con qualsiasi mezzo, inclusa la fotocopia, la registrazione o altri metodi elettronici o meccanici, senza la preventiva autorizzazione scritta dell'autore. Nomi e marchi citati sono generalmente depositati o registrati dalle rispettive case produttrici.

# INDICE

**Premessa** ............................................................... 7

**Introduzione** ....................................................... 11

**1. Marketing: Outbound vs Inbound** ............... 15

1.1. Outbound Marketing ................................... 16

1.2. Inbound Marketing ...................................... 19

1.3 In breve ........................................................ 21

**2. Empathy Map** ............................................... 23

2.1 Analisi dei clienti .......................................... 24

2.2 Cosa sono le Empathy Map ........................... 24

2.3 Perché adottare le Empathy Map .................. 25

2.4 Come compilare le Empathy Map ................. 26

2.5 In breve ............................................................ 28

**3. Buyer Personas** ............................................. **31**

3.1 Perché creare le Buyer Personas ....................... 33

3.2 Come creare le Buyer Personas ....................... 34

3.3 In breve ............................................................ 36

**4. Customer Journey** ......................................... **37**

4.1 Il comportamento dei consumatori ................... 39

4.2 Perché creare la Customer Journey ................... 41

4.3 Customer Journey Map ................................... 43

4.4 Come creare la Customer Journey Map ............ 44

4.5 In breve ............................................................ 47

**5. Brand Positioning** .......................................... **49**

5.1 Brand e Positioning ......................................... 49

5.2 Perché farlo ..................................................... 51

5.3 Vantaggi .......................................................... 53

5.4 Come farlo ...................................................... 53

5.5 In breve ............................................................ 55

**6. Funnel di vendita** ............................................. 57

6.1 Perché dovresti creare un Funnel ..................... 59

6.2 Sales Funnel: modello AIDA ........................... 61

6.3 Un caso pratico ............................................ 69

6.4 Come creare una relazione duratura con i clienti. 73

6.5 Come creare un Funnel sostenibile .................. 77

6.6 In breve ...................................................... 81

**7. Strumenti di Web Marketing** ........................ 83

7.1 Strumenti Web ............................................. 84

7.2 Strumenti di Marketing .................................. 88

7.3 L'importanza delle recensioni ........................ 94

7.4 In breve ...................................................... 97

**8. Analisi dei dati** ............................................ 99

8.1 Cosa analizzare ........................................... 100

8.2 Perché farlo ................................................ 102

8.3 Strumenti di web analytics ............................ 103

8.4 In breve ...................................................... 104

**9. Psicologia applicata al marketing** ................ 107

9.1 La psicologia all'interno del sito ..................….. 108

9.2 La psicologia nelle campagne di marketing …... 112

9.3 In breve …………….……………………..…... 115

**10. Come comunicare efficacemente con i clienti .. 117**

10.1 Le diverse tipologie di clienti ……….…..…… 118

10.2 I livelli di consapevolezza dei clienti …...…... 121

10.3 Tipi di approccio verso i potenziali clienti …… 122

10.4 Le tecniche per gestire le obiezioni ……..….. 125

10.5 Alcuni esempi pratici …………………....…… 130

10.6 Conclusioni …………..……………….…..….. 134

Ringraziamenti …………………………....….... 135

L'autore …………….………………………..….. 137

## PREMESSA

 *Non esiste vento favorevole per il marinaio che non sa dove andare. (Lucio Anneo Seneca)*

Piacere di conoscerti, sono **Paolo Gatti**!

Ho varcato da poco la soglia degli "anta", sono laureato in informatica con due master all'attivo e sono titolare della web agency Web&Dintorni che, da più di 10 anni, si occupa di realizzazione siti web, e-commerce e strategie di marketing digitale finalizzate ad aumentare le conversioni. Sono, inoltre, il co-fondatore della start-up Digital Unicorn.

Infine sono responsabile e-learning dell'Università degli studi di Teramo, docente di importanti realtà pubbliche e private, membro dell'International Web Association (ovvero l'associazione internazionale per la professionalità nel web) e sono certificato EUCIP

Core, Cisco CCNA, Google Ads, Google Analytics e Google Partner da diversi anni.

Negli ultimi 15 anni ho lavorato come consulente in tantissime realtà, nazionali e internazionali, come: l'Università degli Studi di Teramo, l'Istituto Superiore di Osteopatia di Milano, W L'Amore (progetto della AUSL Emilia Romagna), Italdron Academy di Ravenna, Scuola ILI in Svizzera, Micerium di Genova, Scuola Sumas in Svizzera, B-Exit top shop online, Pietro Ferrante, Centro Medicina Osteopatica di Milano, Urban Jungle Store e Black Box Store di Napoli, ASL di Teramo e molte altre realtà, che mi hanno fatto crescere sia a livello professionale che umano.

**Un breve excursus**

All'inizio della mia attività di imprenditore digitale realizzavo esclusivamente siti web. Dopo qualche anno, mi sono reso conto che questa era una grande limitazione, in quanto i siti non erano un *asset* per i miei clienti e non c'era una strategia che permettesse loro di utilizzarli efficacemente per incrementare il loro business.

Da questa riflessione, mi sono addentrato nel mondo del (web) marketing e me ne sono follemente innamorato. In particolare, la cosa che amo di più è vedere il viso (o leggere i messaggi) di soddisfazione dei clienti, quando raggiungiamo gli obiettivi prefissati.

Sì, perché la cosa più bella del web marketing è la misurabilità, ovvero il fatto che sia scientifico. E non intendo di certo le cosiddette *vanity metrics*, come i like su Facebook e Instagram, le visualizzazioni e i fan.

Come dico sempre ai miei studenti: *"con i like non si pagano le bollette!"*.

**Per me la scientificità vuol dire una cosa sola: investo X euro e ne incasso Y.**

Per questo **ho ideato il Metodo Funnel Scientifico**, che ha come obiettivo quello di aiutare gli imprenditori come te a creare un sistema (semi) automatico che sia profittevole, scalabile e, soprattutto, basato su dati tangibili e non sulle percezioni.

## INTRODUZIONE

> *Non continuare a fare quello che hai sempre fatto solo perché è la cosa più semplice! (Ian Minnis)*

Questo libro è pensato per gli imprenditori e per tutti coloro che vogliono scoprire cosa sia un funnel e come applicarlo con profitto nella loro attività.

I segreti per fare i soldi facili, purtroppo, non esistono ma ti condividerò un sistema collaudato per acquisire nuovi clienti, aumentare i profitti, incrementare le vendite e trasformare i tuoi clienti in fan. Tutto questo grazie al Metodo Funnel Scientifico che ho ideato, dopo oltre 15 anni di esperienza specifica nel mercato italiano e internazionale.

Questo metodo differisce, rispetto agli approcci che hanno la maggior parte dei consulenti e delle agenzie, perché si basa su una serie di passaggi, che spesso vengono ignorati, da effettuare **prima di avviare le campagne di marketing.** Ignorandoli, si corre il grosso rischio di non raggiungere gli obiettivi sperati.

Prima di iniziare il nostro percorso, è necessario sfatare uno dei luoghi comuni che danneggia le aziende: **la pubblicità non è marketing.** La pubblicità è solo una delle attività messe in campo in una strategia di marketing. Essa può rivelarsi un fattore determinante nell'aumento delle vendite solo quando viene utilizzata all'interno di un efficiente sistema di marketing, ecco perché è necessario crearne uno.

**Le strategie che ti presenterò sono collaudate e testate in innumerevoli settori.** Quindi, se stai pensando *"il mio settore è differente..."*, oppure *"questa cosa nel mio settore non funziona"*, piuttosto che *"questa cosa funziona solo se vendi online"*, ti dico subito che sei fuori strada. Ti faccio una proposta: prova a metterle in pratica per 6 mesi. Ti va di fare questa scommessa con me?

Nel corso del libro, vedremo:

- gli errori più comuni commessi dalle aziende nel fare marketing;
- come empatizzare e conoscere meglio il tuo target;

- come individuare i tuoi clienti ideali;
- come distinguerti da tutte le altre aziende che hanno gli stessi prodotti/servizi;
- come realizzare una strategia di funnel marketing per aumentare utili e fatturato;
- come trasformare un potenziale cliente in un cliente fidelizzato che parli bene di te;
- quali sono gli "strumenti del mestiere" necessari per attuare le strategie descritte;
- come utilizzare la psicologia per ottimizzare le tue campagne di marketing;
- come analizzare i dati per capire cosa sta funzionando e cosa no;
- come comunicare efficacemente con i tuoi clienti.

Dopo aver completato la lettura, inoltre, sarai in grado di rispondere alle domande:

- Chi? *(acquista i tuoi prodotti o servizi)*
- Cosa? *(ti rende diverso dai tuoi competitor)*
- Perché? *(gli utenti comprano i tuoi prodotti/servizi)*

Ti consiglio di tenerle bene a mente perché sono fondamentali per il successo della tua azienda.

E ora, partiamo!

# 1

## MARKETING: OUTBOUND VS INBOUND

> *Se hai più soldi che cervello, puoi concentrarti sull'outbound marketing. Se hai più cervello che soldi, concentrati sull'inbound marketing.*
> (Guy Kawasaki)

Tra gli addetti ai lavori, già da qualche anno, si discute delle virtù dell'inbound marketing e sulle differenze con l'outbound marketing.

Eppure, ancora oggi, solo una minima parte delle aziende di tutto il mondo ha capito in cosa consiste questa differenza e come utilizzarla a proprio vantaggio.

Partiamo dai fondamentali: che cosa sono l'outbound marketing e l'inbound marketing?

## 1.1 OUTBOUND MARKETING

L'outbound marketing è una metodologia di marketing in cui si avvia una conversazione con l'utente a senso unico, alzando il volume e il tono della voce, nella speranza che il messaggio arrivi lontano e venga ricordato. L'obiettivo è quello di far arrivare il messaggio a un grande pubblico, sperando di convincere qualcuno di questi a diventare cliente.

L'outbound marketing è considerato come "marketing tradizionale" o "marketing dell'interruzione", dove il successo è proporzionale alla semplicità del messaggio e alla ripetizione dello stesso.

Generalmente, il messaggio pubblicitario viene veicolato attraverso i seguenti canali:

- spot televisivi;
- spazi sui giornali;
- passaggi in radio;
- volantini pubblicitari;
- pop-up che si aprono sul sito che stai navigando;
- e-mail marketing a freddo.

Questa forma tradizionale di marketing, come detto in precedenza, si basa sull'interruzione delle attività del potenziale cliente.

Ma per farti capire davvero cos'è l'Outbound marketing, facciamo degli esempi pratici: pensa alle continue chiamate dei call center, oppure ai venditori porta a porta, alle decine di email che ricevi, ogni giorno, dei più disparati servizi. Questo tipo di attività è chiamata vendita a freddo e consiste nel tentare di vendere un prodotto/servizio a persone disinteressate ad esso.

Sei d'accordo con me che vendere un prodotto/servizio a freddo, sia davvero difficile?

Ora la domanda potrebbe sorgerti spontanea: *"se tutti odiano l'interruption marketing, perché esiste?"*

Perché funzionava, almeno fin quando non ne hanno (o meglio abbiamo) abusato!

In uno studio del 2015 della Baylor University, sono state analizzate le performance di un gruppo di 50 venditori esperti e qualificati che hanno fatto un totale di oltre 6000 chiamate a freddo, in un periodo di 2 settimane.

Questi i risultati:

- il 72% delle chiamate ha generato un rifiuto categorico;
- il 28%, per un totale di poco meno di 1800

chiamate, ha generato 19 appuntamenti, che, a loro volta, hanno generato 4 vendite totali.

Statisticamente parlando, i venditori hanno generato 1 vendita ogni circa 1500 chiamate, ovvero lo 0,067% di tasso di conversione. Sei rimasto a bocca aperta?! In realtà le brutte notizie non finiscono qui! Probabilmente, facendo lo stesso test oggi, i risultati sarebbero peggiori. Infatti, più passa il tempo, più le persone sono restie ad ascoltare offerte e promozioni, perché stanche di essere disturbate continuamente.

Se pensi che stia esagerando, facciamo due piccoli esercizi, che faccio spesso anche con i miei studenti:

- quando è stata l'ultima volta che hai prestato attenzione a qualcuno che ti ha chiamato da un call center?
- qual è l'ultima pubblicità che hai visto su Facebook (o qualsiasi altro social a tua scelta)?

Non lo ricordi vero?! Non preoccuparti, è perfettamente normale. Questo dimostra quanto, ormai, siamo insensibili alle pubblicità che non ci interessano.

Non è mia intenzione demonizzare questo approccio: sicuramente apporta un vantaggio dal punto di vista della conoscenza del prodotto/servizio, ma è un tipo di marketing che possono permettersi solo le grandi aziende.

Quindi una piccola-media impresa, che tipo di marketing dovrebbe fare?

## 1.2 INBOUND MARKETING

L'inbound marketing si concentra sulla creazione di contenuti di qualità, allo scopo di attirare i consumatori verso l'azienda (e i suoi prodotti) e, possibilmente, convertirli in clienti.

In sostanza, l'Inbound marketing è una sorta di viaggio (detto *funnel*) che il cliente ideale (ovvero la *buyer persona*) compie verso l'acquisto di un bene o servizio. **Al centro, non c'è più l'azienda con il suo messaggio promozionale, ma il consumatore con i suoi bisogni.**

Attraverso l'inbound marketing puoi raggiungere specifici obiettivi per il tuo business, come ad esempio:

- aumentare il traffico del tuo sito;
- aumentare il numero di contatti e/o vendite generati dal tuo sito;
- far conoscere il tuo brand e/o i tuoi prodotti/servizi.

L'inbound marketing è una grande opportunità per la tua azienda, perché apre nuove possibilità per promuovere i prodotti, comunicare con il cliente finale e costruire la reputazione del brand.

Vediamo insieme nel dettaglio quali sono i cambiamenti.

**Cambia il ruolo del venditore**

La figura del venditore cambia radicalmente: non si tratta più di quella "macchina da guerra" che deve vendere a persone disinteressate e non pronte all'acquisto. Diventa un consulente che si relaziona con il cliente e ascolta le sue esigenze, per proporgli soluzioni ad hoc in base alle sue necessità.

**Cambiano i canali di promozione**

Grazie alla strategia di Inbound Marketing, i clienti verranno guidati verso l'acquisto e i venditori non dovranno far altro che ascoltare i loro bisogni.

**Cambia il processo di vendita**

Anche il processo di vendita subisce degli stravolgimenti: niente più chiamate a freddo, appuntamenti porta a porta con clienti che non ti conoscono, né migliaia di email inviate a contatti che non ti hanno autorizzato a farlo (tra l'altro, rischiando sonore multe per uso non autorizzato dei dati personali).

Nei prossimi capitoli analizzeremo, in dettaglio, le tecniche e gli strumenti necessari per implementare l'Inbound Marketing nella tua strategia aziendale.

## 1.3 IN BREVE

In questo capitolo hai imparato che:

- l'Outbound Marketing è il vecchio modo di fare marketing: si basa su vendita a freddo e sulla comunicazione indifferenziata;
- l'Inbound Marketing è l'unico modo di fare pubblicità per un'azienda medio/piccola.

## 2

## EMPATHY MAP

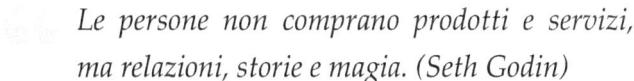 *Le persone non comprano prodotti e servizi, ma relazioni, storie e magia. (Seth Godin)*

Conoscere veramente il proprio target, cioè i destinatari dei tuoi prodotti/servizi, è molto importante perché permette di **creare delle esperienze personalizzate** che risulteranno più interessanti per le persone, più originali rispetto agli altri e, soprattutto, più incisive e persuasive.

### 2.1 ANALISI DEI CLIENTI

Se la tua azienda esiste già da un po' e ha dei clienti, la prima cosa che dovresti fare è l'analisi del tuo portfolio clienti.

Analizza tutti i dettagli a tua disposizione per capire

bene chi sono e cosa fanno; ricorda che non è affatto detto che tu abbia un solo target e ti rivolga a una sola tipologia di persone.

Per fare un lavoro più preciso, potresti:

- fare delle interviste online e/o offline;
- fare dei questionari online e/o offline;
- sfruttare i dati raccolti dal tuo sito web e/o dai social media;
- coinvolgere il team commerciale;
- osservare i tuoi clienti.

Questo lavoro di analisi è molto importante e ti permetterà di avere una base solida per sviluppare le Empathy Map e le Buyer Personas dei tuoi clienti.

## 2.2 COSA SONO LE EMPATHY MAP

Le Empathy Map sono lo strumento che ti permette di empatizzare e conoscere meglio il tuo target partendo dai risultati dell'analisi dei clienti.

Le Empathy Map servono a **comprendere e mappare qual è il contesto in cui la persona è immersa** quando deve fare una scelta o quando utilizza un servizio e **quali siano le sue reazioni in termini di emozioni, pensieri e azioni**.

La mappa raccoglie cosa pensa, sente, dice e fa la persona che deve scegliere se acquistare un prodotto o un servizio, oppure mentre usufruisce di tale prodotto o servizio. Tutto questo immergendo la persona in un contesto dove vede e sente gli stimoli esterni: opinioni dei familiari e dei conoscenti, comportamenti dei pari, pubblicità, web e social, ecc.

Infine nella mappa si tiene conto delle difficoltà e degli ostacoli che la persona deve affrontare, degli obiettivi che si prefigge e dei risultati che vuole raggiungere. In questo modo otterrai, concentrato in un unico schema, la visione complessiva del tuo archetipo target, facilmente condivisibile e utilizzabile per i passi successivi di un'analisi approfondita che passa anche per la creazione delle Buyer Personas e infine delle Customer Journey Map ad esse associate.

## 2.3 PERCHÉ ADOTTARE LE EMPATHY MAP

I motivi per cui ti consiglio di adottare le Empathy Map sono principalmente 6:

1. capire le motivazioni alla base del comportamento degli utenti;
2. scoprire i bisogni degli utenti (bisogni dei quali potrebbero non essere ancora consci);
3. eliminare o ridurre i *BIAS* nei ragionamenti;

4. allineare il team verso una comprensione condivisa dell'utente;
5. estrapolare e presentare suggerimenti e opportunità;
6. guidarti verso un reale miglioramento.

## 2.4 COME COMPILARE LE EMPATHY MAP

*Figura 2.1 - Mappa dell'empatia*

**Hear**

Contiene informazioni sugli **stimoli uditivi** che l'utente riceve.

Le domande chiave sono: *"cosa gli dice la sua famiglia?", "cosa gli dicono i suoi amici più stretti?", "cosa gli dicono gli altri conoscenti vicini?"*.

**See**

Si riferisce alle informazioni relative al **contesto ambientale**.

Le domande chiave sono: *"in che tipo di ambiente è immerso?"; "da cosa è circondato?", "chi sono i suoi amici?", "a quali informazioni e offerte è esposto quotidianamente?"*.

**Think and Feel**

Si riferisce alle informazioni relative al suo **orizzonte emotivo**.

Le domande chiave sono: *"cosa ha realmente importanza per lui?", "quali emozioni guidano i suoi comportamenti?", "quali preoccupazioni lo motivano?", "quali sono i suoi sogni e le sue aspirazioni?"*.

**Say and Do**

Contiene informazioni su **come agisce** nel suo contesto ambientale e su come usa il servizio.

Le domande chiave sono: *"come si comporta?", "che attitudine ha?", "cosa dice agli altri?", "quali sono i potenziali conflitti tra ciò che dice e ciò che potrebbe veramente pensare o provare?"*.

**Pain**

In questa sezione bisogna immaginare quello che lo **scoraggia**, lo demotiva.

Le domande chiave sono: *"quali sono le sue più grandi frustrazioni?", "quali ostacoli si frappongono tra lui e il raggiungimento di quello che vuole o deve ottenere?", "quali rischi lo spaventano?"*.

**Gain**

In questa sezione bisogna immaginare quello che lo **motiva**.

Le domande chiave sono: *"cosa vuole veramente raggiungere?", "come misura il successo?", "come può raggiungere i suoi obiettivi?"*.

Come detto prima, le Empathy Map sono un tassello importante del processo di analisi del target, da ognuna di queste mappe passiamo allo sviluppo delle *Personas* (User, Customer, Buyer) dando un nome, un'età, delle caratteristiche specifiche e una vita propria alle informazioni raccolte nelle Empathy Map. Successivamente, per ogni Persona, costruirai una *Customer Journey Map*.

## 2.5 IN BREVE

In questo capitolo hai imparato che:

- che le analisi sono alla base di una strategia di marketing;

- che analizzare i clienti già esistenti è un ottimo modo per capire chi sono e cosa fanno;
- che creare le Empathy Map ti porta a immedesimarti nei tuoi clienti e a raccogliere informazioni utili;
- come creare le Empathy Map con il tuo team.

## 3

## BUYER PERSONAS

*Un buon marketer vede i consumatori come esseri umani completi, con tutte le sfaccettature proprie delle persone reali. (Jonah Sachs)*

B*uyer Persona* è il termine usato nel marketing per individuare il cliente ideale dei tuoi prodotti/servizi. Si tratta di personaggi fittizi che rappresentano una specifica tipologia di clienti, studiati con un grado di dettaglio molto alto.

Nel marketing, lo studio delle buyer personas è importantissimo per comprendere le informazioni reali, personali e demografiche dei tuoi potenziali clienti.

Avere una conoscenza approfondita delle buyer personas, infatti, è fondamentale per creare e migliorare prodotti, per ottimizzare le trattative di vendita e per gestire al meglio le relazioni con il cliente.

Per intenderci, non basta sapere che *"il tuo cliente ideale è donna, 30-45 anni"* o, peggio ancora, pensare che i tuoi prodotti vadano bene per tutti.

Ti rivelo un segreto: i prodotti che vanno bene per tutti, <u>non vanno bene per nessuno</u>. Nemmeno l'acqua, che è un bene primario, va bene per tutti: infatti, diverse persone, hanno la necessità di bere acque povere di sodio, altre devono valutarne il residuo fisso, etc.

**Realizzare un prodotto "per tutti" è una scelta assolutamente deleteria per il marketing.**

Può sembrarti controintuitivo, perché è credenza comune che un prodotto "per tutti" abbia maggiori possibilità di vendita. <u>Invece è l'esatto contrario</u>. Ad ogni modo riprenderemo questo discorso più avanti, nel capitolo dedicato al Brand Positioning.

Tornando alle Buyer Personas, cerchiamo di capire come individuare le caratteristiche del tuo cliente ideale e quali gli elementi più importanti da prendere in considerazione.

## 3.1 PERCHÉ CREARE LE BUYER PERSONAS

Devi creare/analizzare le Buyer Personas per 3 motivi:

**1. Vendere il prodotto giusto al target giusto**

Ricorda, nessuno comprerà il tuo prodotto perché è il migliore sul mercato o perché ha una qualità maggiore rispetto a quello dei competitor.

<u>I consumatori cercano prodotti che siano in grado di cambiare la loro vita in meglio</u>.

Ecco perché conoscere il tuo pubblico, meglio dei competitor, ti dà la possibilità di realizzare (o acquistare e rivendere) prodotti e servizi che risolvano problemi esistenti e concreti.

Quindi, detto in parole più semplici, l'obiettivo non è vendere i prodotti che hai, ma vendere quelli che i clienti desiderano.

**2. Creare una comunicazione ad hoc**

Conoscere i tuoi clienti ti permette di "entrare nella loro testa", comprendere i loro bisogni e studiare una strategia di comunicazione personalizzata.

Nella vita reale, ti rivolgeresti allo stesso modo a un adolescente o a un anziano? Online, invece, accade molto (troppo) spesso.

## 3. Selezionare i clienti

Un cliente insoddisfatto è la peggiore pubblicità possibile per un'azienda. Conoscere il tuo target ti consente di proporre il tuo prodotto/servizio solo a coloro che sono interessati.

### 3.2 COME CREARE LE BUYER PERSONAS

Quando si parla di Buyer Personas, vanno integrate tutte le informazioni comportamentali e motivazionali che abbiamo estrapolato dalla Empathy Map con gli aspetti demografici dei nostri clienti, ad esempio: sesso, fascia di età , città / zona geografica, impiego, reddito, stato di famiglia.

Tutte le informazioni raccolte consentono di creare degli archetipi con i quali quali procedere ad allineare la strategia di marketing e il posizionamento del brand.

Figura 3.1 - Esempio di analisi di una Buyer Persona

Per concludere, ti consiglio qualche tool gratuito per creare le Buyer Personas, da utilizzare dopo aver raccolto i dati. Sono entrambi in lingua inglese, ma non preoccuparti perché l'interfaccia è guidata ed è molto intuitiva:

- Make My Personas di Hubspot - www.hubspot.com/make-my-persona
- Userforge (gratuito per massimo 3 personas) - userforge.com

Bene, ora che sappiamo chi è il nostro cliente ideale, concentriamoci sulla nostra offerta.

## 3.3 IN BREVE

In questo capitolo hai imparato:

- cosa sono le Buyer Personas;
- che creare le Buyer Personas ti consente di vendere il prodotto giusto al target giusto, creare comunicazioni personalizzate e selezionare i clienti;
- quali sono i dati importanti da prendere in considerazione per creare le Buyer Personas.

4

## CUSTOMER JOURNEY

*Il miglior modo per vendere qualcosa è di cercare di non vendere niente. Meglio acquistare la fiducia e il rispetto di chi potrebbe comprare. (Rand Fishkin)*

Prima di concentrarci sul Funnel, è necessario soffermarsi sul concetto del *Customer Journey*.

Il motivo per cui gli ho voluto dedicare un intero capitolo è che spesso viene completamente ignorato dalla maggior parte dei consulenti e delle agenzie. Essi, infatti, tendono a focalizzarsi maggiormente sui funnel di vendita; a mio avviso questo approccio è errato e, proseguendo nella lettura, ti spiegherò il perché.

Potremmo tradurre Customer Journey come viaggio del consumatore. **Una sorta di mappa che ci mostra**

**tutti i passi compiuti dal consumatore**, dal momento in cui percepisce un bisogno a quello in cui acquista un determinato prodotto/servizio, fino alla sua fidelizzazione.

Questo percorso può essere anche molto lungo e tortuoso. Grazie alla loro natura empatica e centrata sull'utente, le Customer Journey Map fotografano in modo approfondito la elaborata interazione tra il processo decisionale dell'utente e i punti di contatto - detti *touchpoint* - forniti da un'organizzazione, fase per fase, canale per canale, caso per caso, utente per utente.

Il concetto di Customer Journey è stato introdotto circa 15 anni fa perché i funnel di vendita non sono perfettamente compatibili con i reali comportamenti dei consumatori. Questi ultimi, infatti, non hanno dinamiche di acquisto lineari ma molto più irregolari e imprevedibili rispetto a quanto descritto nelle fasi del funnel (ovvero attrazione, interesse, decisione e azione).

In questa sezione, vedremo i vari step dal punto di vista dell'utente. Nel prossimo capitolo sul funnel, invece, li valuteremo dalla prospettiva dell'azienda, così da abituarti ad avere sempre due punti di vista differenti.

Non dimenticare mai che **i consumatori acquistano**

**per i loro motivi e non per i tuoi.**

## 4.1 IL COMPORTAMENTO DEI CONSUMATORI

Sebbene, come abbiamo già visto, il comportamento dei consumatori non sia lineare, possiamo comunque individuare 6 fasi precise:

**1. Fase di scoperta**

Non sempre gli utenti sono consapevoli di avere una esigenza. È quindi necessario farsi trovare anche quando la persona non ha ancora chiaro come affrontare il proprio bisogno o, se possibile, creare degli stimoli in grado di far sorgere una necessità.

**2. Fase di ricerca**

Il potenziale cliente ha la consapevolezza di avere un bisogno/problema e cerca online (tramite i motori di ricerca, siti web, blog, social network, etc.) e offline (chiedendo a parenti, amici, conoscenti, etc.), per sapere se esiste una soluzione e come sceglierla.

**3. Fase di comparazione**

Appurato che esista una soluzione, l'utente valuta le diverse alternative a sua disposizione individuando i brand presenti sul mercato e le relative offerte. Il suo obiettivo è quello di "stringere il cerchio", selezionando le soluzioni che, sulla base dei suoi elementi di valutazione, possano risolvere il suo bisogno.

### 4. Fase di valutazione

A seguito della precedente ricerca, l'utente individua alcune soluzioni che potrebbero fare al caso suo e le studia in maniera più analitica. Lo fa, ad esempio, parlando con i conoscenti, leggendo le recensioni degli altri utenti, attraverso i siti/blog di comparazione e recensione, etc.

### 5. Fase di acquisto

Ha individuato la soluzione che reputa migliore e procede con l'acquisto. Qui si inseriscono tutte le dinamiche legate all'esperienza dell'acquisto e agli effetti positivi o deterrenti che possono influire sul cliente.

### 6. Fase post-acquisto

Valuta se l'acquisto è corrispondente alle sue aspettative, se ha risolto il suo bisogno/problema e magari decide di riacquistare, consigliare ad altri lo stesso acquisto o recensire (positivamente o negativamente).

## 4.2 PERCHÉ CREARE LA CUSTOMER JOURNEY

Come abbiamo già detto, il senso della Customer Journey è di spostare il focus dal prodotto/servizio, al cliente e alla relazione che abbiamo con lui.

I benefici di questo tipo di approccio sono almeno 6:

1. comprendere come i potenziali clienti vengono a conoscenza del tuo prodotto/servizio, analizzare che tipo di interazione hanno e definire le azioni che vorresti essi facessero (ad esempio, alle prime interazioni con il consumatore, potrebbe essere saggio chiedergli di iscriversi alla newsletter, piuttosto che proporgli l'acquisto);
2. comprendere le sensazioni, i dubbi, le aspettative e le domande che gli utenti hanno in ogni fase del Customer Journey (ad esempio, in una fase iniziale, un potenziale cliente potrebbe voler avere informazioni generali su di te, successivamente approfondire le caratteristiche specifiche dei tuoi prodotti/servizi e, in fase di acquisto, chiedersi se accetti un determinato metodo di pagamento);
3. capire se stai dando la giusta importanza alle caratteristiche che i clienti desiderano dai tuoi

prodotti/servizi. Spesso gli imprenditori fanno affidamento (solo) alla propria percezione per capire cosa vogliano gli utenti, ignorando il loro punto di vista;
4. analizzare i punti deboli dei prodotti/servizi e delle strategie di comunicazione e marketing;
5. ottenere idee e opportunità di miglioramento del prodotto/servizio e delle azioni di marketing da implementare nelle diverse fasi del viaggio;
6. allineare il team verso una comprensione condivisa del percorso del cliente, così che tutte le figure coinvolte abbiano un'idea omogenea delle varie fasi e gestiscano meglio la propria parte.

Facendo una attenta analisi, sarai in grado di rispondere a 5 domande davvero importanti sui tuoi potenziali clienti:

1. come i tuoi clienti trovano il tuo prodotto/servizio?
2. come interagiscono con la tua azienda durante il loro percorso di acquisto?
3. per quale motivo comprano il tuo prodotto/servizio?
4. dove lo comprano?
5. in che modo lo utilizzano?

## 4.3 CUSTOMER JOURNEY MAP

Tutte le fasi precedentemente descritte, sono riassunte nella seguente immagine, che rappresenta un esempio di Customer Journey map:

Figura 4.1 - Un esempio di Customer Journey Map

Lo scopo di questo documento non è quello di mappare alla perfezione una reale esperienza utente, ma quella di avere indicazioni utili per ridurre le possibili frizioni, snellire il percorso, comunicare meglio con gli utenti e aumentare le conversioni.

Gli elementi fondamentali che devono sempre far parte di una Customer Journey sono:

- una linea temporale divisa in fasi;
- il soggetto che deve soddisfare un bisogno (User Persona, Buyer Persona), le sue aspettative (gain points) e frustrazioni (pain points);
- i touchpoints attraverso cui il cliente e l'azienda interagiscono;
- le azioni che il cliente compie nelle varie fasi.

Un suggerimento molto importante è quello di riservare uno spazio per ogni fase nel quale appuntare tutte le idee e le opportunità che si generano durante lo sviluppo della mappa.

## 4.4 COME CREARE LA CUSTOMER JOURNEY MAP

Mappare il Customer Journey richiede un certo impegno e capisco che tu possa pensare di non averne bisogno. Ma non fare questo errore: circa l'85% dei consulenti marketing professionisti, ritengono che questa attività sia fondamentale. Vediamo, in dettaglio, gli step necessari per fare un buon lavoro.

**1. Crea la Empathy Map**

L'empatia è alla base del marketing. Immedesimarti nel tuo cliente ideale ti permetterà di capire le sue emozioni, i suoi pensieri, le sue esigenze e desideri, se troverà utile/interessante il tuo messaggio, etc.

## 2. Crea le tue Buyer Personas

Analizza e crea le tue Buyer Personas, incrociando i dati e le Emapthy Map. Tutti i dettagli su come farlo li abbiamo visti nei capitoli 2 e 3.

## 2. Determina le tappe del percorso

Le fasi durante le quali il potenziale cliente interagisce con il tuo prodotto/servizio, compongono le tappe del Customer Journey. Queste vanno analizzate e mappate. Prendendo, come esempio, l'immagine vista nel sottocapitolo 4.3, le fasi individuate sono: scoperta, ricerca, comparazione, valutazione, acquisto e post acquisto.

## 3. Definisci i touchpoint

I punti di contatto tra il potenziale cliente e la tua azienda possono essere online (sito web, blog, social networks, etc.) e/o offline (pubblicità televisiva, pubblicità cartacea, passaparola, etc.). Anche questi punti di contatto vanno analizzati e mappati.

## 4. Individua le opportunità

Tutti gli approfondimenti fatti in precedenza ti consentono di comprendere davvero cosa vogliano i tuoi potenziali clienti. Questo ti aiuterà a trovare strategie ancora più efficaci per migliorare la loro esperienza.

**5. Crea la tua Customer Journey Map**

Infine, utilizza tutti i dati raccolti per creare una Customer Journey Map. A tal proposito, ti consiglio due tool online (commerciali, ma gratuiti per la creazione di una mappa):

- UXPressia - uxpressia.com
- Custellence - custellence.com

E un template gratuito, reperibile a questo indirizzo: www.columbiaroad.com/blog/why-and-how-to-create-a-customer-journey-map-download-free-template

Ora che ti ho spiegato cosa sono e come usare le Empathy Map, le Buyer Personas e le Customer Journey Map, ti do il consiglio metodologico più importante: questi strumenti sono strumenti di co-progettazione. È, quindi, fondamentale lavorare al loro sviluppo con un team che riunisca coloro che sono a stretto contatto con i target/clienti (commerciali, customer service ecc.), coloro che hanno una profonda conoscenza del prodotto/servizio, coloro che si occupano di comunicazione e, se possibile, anche uno o più membri del gruppo da analizzare.

## 4.5 IN BREVE

In questo capitolo hai imparato:

- cos'è la Customer Journey e a cosa serve;
- che il comportamento dei consumatori non è lineare, ma si possono comunque individuare 6 fasi nelle dinamiche di acquisto di un prodotto/servizio;
- cos'è la Customer Journey Map e perché sia utile crearla;
- come creare una Customer Journey Map.

# 5
# BRAND POSITIONING

> *Il Marketing non è una battaglia di prodotti, è una battaglia di percezioni. (Ries & Trout)*

Il Brand Positioning è una attività di marketing che ha come obiettivo quello di "mettere" il tuo brand nella testa dei potenziali clienti e in una posizione ben precisa. È nella mente, infatti, che avvengono le decisioni d'acquisto.

Per capire bene cos'è il brand positioning, è bene chiarire cosa significa "Brand" e cosa "Positioning".

## 5.1 BRAND E POSITIONING

**Brand**

Il termine Brand deriva dalla marchiatura degli animali. Tale attività consente di distinguere due animali che altrimenti sarebbero identici (o comunque molto simili).

Facendo un paragone con il business, il brand serve a differenziare il tuo prodotto da quello dei tuoi competitor. Senza questa differenziazione, infatti, il tuo prodotto sarebbe percepito come identico e quindi sostituibile.

Un brand è caratterizzato da:

1. una parola o un insieme di (poche) parole che faccia percepire, al potenziale cliente, un prodotto/servizio come differente, rispetto a quello dei competitor;
2. una "promessa" di prestazioni e benefici che il prodotto/servizio offre al potenziale cliente e che i concorrenti non sono in grado di offrire (o di comunicare in maniera adeguata);
3. un insieme di messaggi di marketing che comunichino la differenza (punto 1) e la promessa (punto 2) alle Buyer Personas.

Di seguito, alcuni esempi della comunicazione di brand di aziende note:

- *Geox* è "la scarpa che respira"
- *Apple* è "think different"
- *Spotify* è "la musica è per tutti"

**Positioning**

Il termine Positioning indica lo schema di funzionamento della mente dei clienti.

Secondo questo schema, nella loro mente, per ogni categoria merceologica a cui sono interessati, c'è una sorta di "classifica" in cui sono posizionati non più di 2 brand: il leader, il co-leader e, a seguire, tutti gli altri brand in maniera indistinta.

Anche in questo, facciamo qualche esempio di aziende note e del loro positioning:

- *Illy* è il caffè di qualità
- *Rolex* è l'orologio per chi "è arrivato"
- *Mercedes* è l'auto per gli uomini di successo

Ora ti starai chiedendo: *"come faccio a mettere il mio brand ai primi posti della classifica mentale dei clienti?"*

L'unico modo per "salire sul podio" è fare opportune attività di marketing.

## 5.2 PERCHÉ FARLO

Senza un Brand Positioning efficace, gli investimenti in marketing (che siano online o offline) funzionano male o, addirittura, possono essere controproducenti.

Uno tra i principali motivi, per cui le tue campagne di marketing potrebbero non aver avuto i risultati sperati, è proprio questo.

Ci sono 4 ragioni per cui è essenziale, soprattutto per le piccole realtà, fare Brand Positioning:

1. se il tuo prodotto/servizio è uguale a quello degli altri concorrenti (o è percepito dagli utenti come tale), rischi di competere solo per il prezzo. E ci sarà sempre qualcuno in grado di fare un prezzo più basso del tuo;
2. se hai poche risorse da spendere per il marketing, devi renderlo efficace al massimo, evitando gli sprechi;
3. i clienti vogliono sbagliare il meno possibile e un Brand li rassicura;
4. la maggior parte delle aziende in Italia ignora il Brand Positioning. Farlo ti assicura un enorme vantaggio competitivo.

Il Brand Positioning **consente di amplificare la forza del tuo messaggio di marketing e ti fa ottenere molti più risultati a parità di investimento** (o con un investimento inferiore).

## 5.3 VANTAGGI

Il Brand Positioning serve per distinguere e far ricordare il tuo brand a un potenziale cliente distratto e sovraccarico di informazioni.

L'obiettivo è fargli ricordare chi sei, cosa fai e perché sei diverso dai concorrenti e, per via di questa differenziazione, il perché tu sia la migliore soluzione al suo problema/bisogno.

Questo ti consentirà di:

- aumentare i prezzi rispetto alla concorrenza;
- aumentare il numero di clienti;
- aumentare la spesa media dei clienti;
- aumentare il numero di acquisti dei clienti.

## 5.4 COME FARLO

Per creare il tuo Brand Positioning, ti consiglio di seguire i seguenti step:

**1. Analizza i concorrenti**

La primissima cosa che devi fare è analizzare i tuoi concorrenti e il loro Brand Positioning. Lo scopo di questa analisi è capire cosa c'è nel mercato e cosa ne pensano i tuoi clienti.

In pratica:

- analizza quali sono gli elementi/caratteristiche ritenuti importanti dagli utenti, per quello specifico prodotto/servizio;
- elenca i brand che operano in quel settore, in ordine di importanza;
- collega gli elementi del punto 1. con quelli del punto 2. Ad esempio: "Il brand A è leader per la caratteristica X";
- verifica se il tuo brand è collegato a qualche caratteristica specifica o meno.

Se il tuo brand è già collegato a qualche caratteristica specifica e tale caratteristica è importante per gli utenti, utilizzala per il tuo brand positioning.

Se il tuo brand non è collegato ad alcuna caratteristica, puoi utilizzarne una non in uso dai tuoi competitor, a patto che sia rilevante per gli utenti.

Se il tuo brand non è collegato a nessuna caratteristica, né ci sono caratteristiche rilevanti residue, devi creare una nuova categoria di prodotti.

## 2. Trova l'idea differenziante

La cosa fondamentale per un buon Brand Positioning è l'idea differenziante.

La qualità, il prezzo basso e la frase, spesso abusata nonchè banale, "siamo giovani e dinamici e offriamo servizi a 360 gradi", NON sono idee differenzianti.

Alcuni esempi di idee differenzianti:

- **essere "gli specialisti"** di un settore particolare (ad esempio: "siamo una agenzia specializzata nei siti e-commerce nel settore fashion");
- **individuare un elemento "magico"** (ad esempio: "Il Metodo Funnel Scientifico, oggetto di questo libro!");
- **se possibile, creare una nuova categoria** (ad esempio: "Liscia, gassata o... Ferrarelle!").

**3. Comunica il tuo Brand Positioning**

Individuato il tuo Brand Positioning, tutto quello che devi fare è comunicarlo, comunicarlo, comunicarlo su tutti i tuoi canali, fino allo sfinimento. E, mi raccomando, fallo senza perdere mai il focus.

Bene! Ora abbiamo posto le basi per fare un ottimo lavoro.

5.5 IN BREVE

In questo capitolo hai imparato:

- che il Brand consente di differenziare il tuo prodotto, mentre il Positioning indica come funziona la mente umana;
- quali sono le 4 ragioni per fare Brand Positioning;
- quali sono i benefici che puoi ottenere da un corretto posizionamento;
- come fare Brand Positioning.

## 6

## FUNNEL DI VENDITA

*I clienti che hanno avuto un'esperienza infelice nel mondo reale lo dicono a 6 persone. Su internet lo diranno a 6mila amici. (Jeff Bezos)*

Poste le basi su alcune tematiche che reputo indispensabili per poter far un buon lavoro, possiamo (finalmente) parlare di Funnel. Partiamo dal significato: è una parola inglese che significa "Imbuto".

Cosa **NON** è un Funnel?

- non è un sito;
- non è un software "pronto all'uso";
- non è una strategia "copia e incolla";
- non è una strategia (completamente) automatica;

- non è "fare pubblicità" sui social.

Il Funnel, **è un processo di marketing che ha l'obiettivo di guidare i potenziali clienti verso un percorso, per trasformare una persona sconosciuta in un cliente** e, magari, farlo diventare un ambassador del tuo brand.

Ma come veicoliamo questi potenziali clienti, all'interno dell'imbuto? Grazie a strategie di marketing mirate! Affinché un funnel di marketing funzioni, infatti, deve essere personalizzato non solo a seconda dell'attività e dei canali che utilizzi ma, soprattutto, in base alla tipologia di clienti.

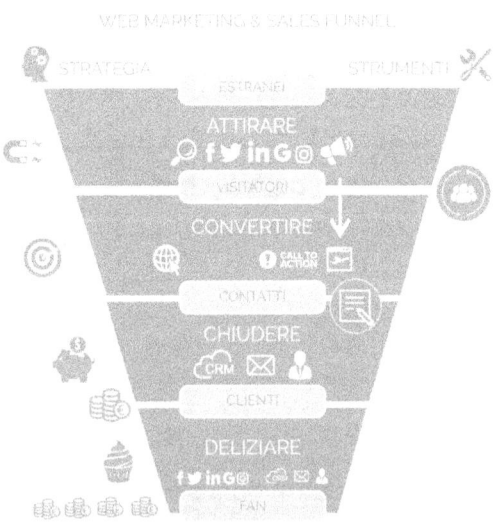

*Figura 6.1 - Rappresentazione di un funnel di vendita (e degli strumenti utilizzati)*

Il Funnel Marketing è un elemento essenziale per chi vende prodotti/servizi online. Non parlo solo di e-commerce: anche un libero professionista può avere indubbi vantaggi nel creare un percorso simile.

Attenzione però! Molti consulenti/agenzie partono a razzo, senza considerare tutta una serie di aspetti indispensabili. In particolare, spesso ci si focalizza subito sugli strumenti. Non ti è mai capitato che un consulente ti dica: *"utilizziamo Facebook o Instagram per fare le campagne di marketing?"* oppure *"che ne dici se utilizzassimo Google Ads?"*.

Nella mia attività di consulenza, prima di avviare le campagne, mi concentro su quattro aspetti indispensabili che, non a caso, abbiamo visto nei capitoli precedenti:

- Empathy Map;
- Buyer Personas;
- Customer Journey;
- Brand Positioning.

Solo dopo ci si può concentrare sulle campagne di marketing.

## 6.1 PERCHÉ DOVRESTI CREARE UN FUNNEL

Avrai intuito che dall'imbuto entra molto, ma esce poco.

Da un lato questo è assolutamente fisiologico, dall'altro lato, il "quanto esce" dipende molto dalle tue abilità. Facendo un paragone con il mondo reale, è noto che le vendite di una attività commerciale dipendano anche dalla bravura del commesso/a.

Costruire un funnel ti aiuta proprio ad ottimizzare il numero di clienti che escono dall'imbuto, ovvero che acquistano da te o che compiono l'azione che tu desideri (che potrebbe essere, ad esempio, richiedere un preventivo via email, piuttosto che essere contattati telefonicamente).

In particolare, è indispensabile costruire un funnel (e utilizzarlo) perché:

- vendere a freddo è davvero complesso;
- circa il 98% dei visitatori del tuo sito non convertirà (ovvero non compirà l'azione da te desiderata), la prima volta che lo visita;
- con questo 98%, o riesci a stabilire una connessione nei 60 secondi (medi) in cui visita il sito o sarà quasi impossibile farlo successivamente;

- dopo essere riuscito nell'intento di far acquistare un utente, sarebbe illogico (e antieconomico) non cercare di farlo acquistare di nuovo;
- puoi rendere scalabili le tue attività di marketing e quindi le vendite.

Niente male, vero?

## 6.2 SALES FUNNEL: MODELLO AIDA

Un Funnel può essere rappresentato attraverso diversi modelli. Quello più popolare, conosciuto con l'acronimo AIDA, include quattro diversi step consecutivi, così suddivisi:

- Attrazione *(Awareness)*
- Interesse *(Interest)*
- Decisione *(Decision)*
- Azione *(Action)*

Li vedremo dal punto di vista della vendita/conversione associando, alla varie fasi, gli obiettivi e gli strumenti utili per raggiungerli. Non preoccuparti se non conosci ancora bene gli strumenti citati, li vedremo tutti in dettaglio nel prossimo capitolo.

Facciamo una premessa: la decisione d'acquisto, generalmente, parte dal bisogno del consumatore di risolvere un problema. Ho scritto "generalmente" perché, in altri casi, potrebbe non essere (ancora) cosciente di avere un bisogno. Quindi sta a noi dargli questa consapevolezza.

Nei prossimi paragrafi utilizzerò spesso la parola *metrica*, quindi colgo l'occasione per spiegarti cos'è. La metrica è il valore che andremo a prendere in considerazione per capire se, in quella specifica fase, stiamo raggiungendo o meno gli obiettivi.

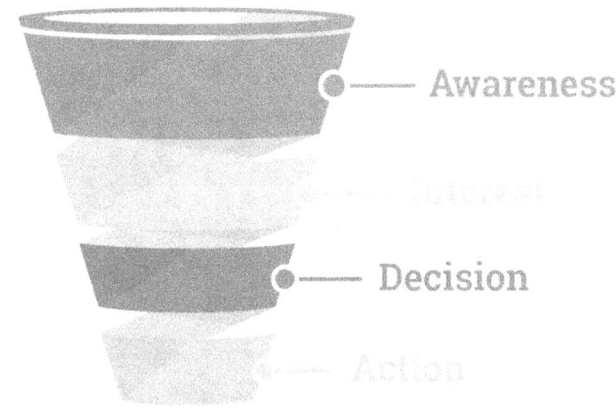

Figura 6.2 - Funnel AIDA

**Fase 1: attrazione**

La prima fase consiste nell'attrarre potenziali clienti in target, al fine di farli entrare nel tuo funnel. L'obiettivo di questa fase non è vendere, ma preparare l'utente all'acquisto, in quanto egli potrebbe ignorare del tutto (o quasi) i prodotti e i brand presenti sul mercato e le loro caratteristiche.

L'attrazione può avvenire, ad esempio, attraverso i canali social, oppure con una query sui motori di ricerca (presumibilmente Google).

Il grado di consapevolezza del cliente, in questa fase, è basso o molto basso.

La metrica di riferimento è la *Reach*, ovvero quanti utenti unici raggiungiamo attraverso le nostre campagne di marketing.

Gli obiettivi di marketing sono:

- incrementare la consapevolezza del tuo brand (Awareness);
- aumentare la percezione del tuo brand (Reputation);
- educare il potenziale cliente;
- portare traffico al sito o a una landing page.

Gli strumenti tecnici sono:

- blog aziendale;
- landing page;
- sito web / e-commerce.

Le attività di marketing sono:

- marketing sui social (es. Facebook Ads), su un pubblico freddo;
- traffico organico (SEO);
- Google Ads (SEA);
- guest post su altri siti;
- condivisione sui social.

**Fase 2: interesse**

In questa fase, l'utente inizia a cercare attivamente informazioni su un prodotto/servizio. L'obiettivo non è vendere, ma produrre contenuti editoriali/educativi, che preparino l'utente all'acquisto. Questa è la base per acquisire nuovi clienti, quindi questa fase non va assolutamente trascurata.

Lo scopo è quello di far iscrivere il cliente alla tua newsletter e/o iniziare a seguirti sui social. Avrai così la possibilità di "nutrirlo" attraverso i contenuti; questa attività viene chiamata *Lead Nurturing* ed è fondamentale in una strategia di marketing di successo. Consiste nell'attività di comunicazione svolta in tutto il periodo che va dal primo contatto con il potenziale cliente, fino all'acquisto.

Il grado di consapevolezza del cliente è medio-basso.

La metrica di riferimento è l'*Engagement Rate*, ovvero il

tasso di interazione con gli utenti che hanno visto i tuoi annunci.

Gli obiettivi di marketing sono:

- creare/incrementare l'interesse per il tuo brand;
- stimolare l'intenzione di acquisto;
- portare traffico target al sito o alla landing page;
- ottenere un contatto del cliente (es. indirizzo email, iscrizione al chatbot, numero di telefono).

Gli strumenti tecnici sono:

- blog aziendale;
- landing page in cui proporre, ad esempio, un e-book gratuito;
- sito web / e-commerce;
- canali social;
- chatbot.

Le attività di marketing sono:

- marketing sui social (es. Facebook Ads), su pubblico tiepido (ovvero chi ha cliccato sull'annuncio precedente);

- traffico organico (SEO);
- Google Ads (SEA) per intercettare le ricerche esplicite;
- guest post su altri siti;
- condivisione sui social.

**Fase 3: decisione**

Prima di acquistare, gli utenti fanno molte ricerche. A volte questo processo dura pochi minuti, altre volte dura settimane o, addirittura, mesi. Questa è una fase fondamentale: facendo le giuste attività, sarai in grado di dare loro la giusta spinta che li porterà a diventare tuoi clienti. L'utente è sempre più consapevole ed è ormai deciso ad acquistare il prodotto/servizio, deve solo individuare quale sia quello più giusto per le sue esigenze.

In questa fase è essenziale far percepire al potenziale cliente tutte le caratteristiche e i vantaggi dei tuoi prodotti, rispetto a quelli della concorrenza.

Il grado di consapevolezza del cliente è medio / medio-alto.

Le metriche di riferimento possono essere: il numero di accessi al sito, il tasso di rimbalzo, il tempo di permanenza media sul sito.

Gli obiettivi di marketing sono:

- aumentare la percezione dei tuoi prodotti;
- eliminare i dubbi del cliente.

Gli strumenti tecnici sono:

- sito web / e-commerce;
- landing page;
- servizi di recensioni.

Le attività di marketing sono:

- marketing sui social (es. Facebook Ads), su pubblico caldo (ovvero chi ha già visitato il sito / landing page);
- traffico organico (SEO);
- Google Ads (SEA) per intercettare le ricerche esplicite + attività di retargeting.

**Fase 4: azione**

L'utente, in questa fase, è pronto a effettuare l'acquisto (o a contattarti per richiedere un preventivo o maggiori informazioni sui tuoi prodotti/servizi).

Per rassicurare il cliente e togliergli i dubbi che lo separano dall'acquisto puoi, ad esempio:

- utilizzare le recensioni degli utenti che hanno acquistato i tuoi prodotti e sono soddisfatti;

- dare garanzie sui tempi di consegna, pagamenti sicuri, possibilità di reso, etc.;
- dare ulteriori garanzie come "soddisfatti o rimborsati", piuttosto che offrire il reso gratuito, etc.

È importante che la vendita avvenga senza intoppi (es. spese inattese nel carrello, problemi con i sistemi di pagamento, assenza di sistemi di pagamento noti, etc.).

Il grado di consapevolezza del cliente è alto / molto-alto.

Le metriche sono: il numero di conversioni, il tasso di conversione e il carrello medio (nel caso di vendita online).

Gli obiettivi di marketing sono:

- vendere;
- alzare il carrello medio (up-selling);
- cercare di realizzare una seconda vendita (cross-selling).

Gli strumenti tecnici sono:

- sito web / e-commerce;
- landing page.

Le attività di marketing sono:

- marketing sui social (es. Facebook Ads), su pubblico molto caldo (ovvero chi ha abbandonato il carrello);
- traffico organico (SEO);
- Google Ads (SEA) per intercettare le ricerche esplicite + attività di retargeting;
- email marketing;
- SMS marketing.

## 6.3 UN CASO PRATICO

Dopo tanta teoria, vediamo un esempio pratico, così da chiarire i dubbi (spero!).

Ipotizziamo di avere un'azienda che produce *tapis roulant* (ovvero un attrezzo ginnico, caratterizzato da un nastro trasportatore sul quale si può camminare o correre) e che venda esclusivamente online.

Figura 6.3 - Esempio di tapis roulant

Vediamo, in dettaglio, quali sono le azioni da fare nelle diverse fasi del funnel viste in precedenza.

**Fase 1: attrazione**

In questa fase, sarà necessario produrre contenuti (ottimizzati per i motori di ricerca) relativamente a:

- "i benefici per la salute derivanti dall'attività sportiva fatta in casa", per gli utenti poco consapevoli;
- "come scegliere un tapis roulant, per evitare di prendere un prodotto che non faccia al caso tuo", per gli utenti interessati, che non sanno come sceglierlo.

Io ti ho fatto solo due esempi, distinguendo anche gli argomenti per target, ma i contenuti che si possono produrre a questo livello sono davvero molti.

**Fase 2: interesse**

Il potenziale cliente inizia a vagliare la possibilità di acquistare un tapis roulant. Ma non facciamo l'errore di credere che debba farlo per forza da noi! Quindi, in questa fase, gli dobbiamo dare ulteriori contenuti, del tipo:

- "i migliori tapis roulant per i neofiti / amatori / professionisti", a seconda del target a cui ti vuoi rivolgere;
- "i migliori tapis roulant sotto le XXX euro", evidenziando le caratteristiche vincenti dei nostri prodotti, rispetto agli altri;
- "i migliori i tapis roulant Made in Italy".

L'obiettivo è far compiere all'utente una piccola azione (come, ad esempio, iscriversi alla newsletter, piuttosto che scaricare gratuitamente una breve guida) in cambio del suo indirizzo email. Questo contatto ci sarà utile per mantenere la relazione col potenziale cliente e guidarlo verso l'acquisto.

**Fase 3: decisione**

In questa fase l'utente è sempre più consapevole, è ormai deciso ad acquistare un tapis roulant e deve solo individuare quale sia il prodotto giusto per le sue esigenze.

É fondamentale far percepire al potenziale cliente tutti i vantaggi dei nostri prodotti, rispetto a quelli dei competitor, perché è nel momento della scelta.

Quindi è necessario:

- creare tabelle comparative dei 2 o 3 prodotti a cui è interessato, così che abbia una visione chiara delle caratteristiche di ognuno;
- creare delle facilitazioni, come ad esempio, il prodotto X è perfetto per chi lo usa 2 volte a settimana, il prodotto Y per chi lo usa 3 volte, il prodotto Z per chi lo usa 4 o più volte;
- evidenziare i vantaggi dei nostri prodotti, rispetto a quelli della concorrenza;

**Fase 4: azione**

Ci siamo, il cliente è pronto ad acquistare. Utilizziamo, quindi, le recensioni degli utenti, che hanno acquistato i nostri prodotti e sono soddisfatti, allo scopo di creare fiducia e di togliergli i dubbi che lo separano dall'acquisto.

Quindi è opportuno:

- mandare il potenziale cliente sulla scheda prodotto del tapis roulant che gli interessa;
- rassicurarlo attraverso la lettura di recensioni (autentiche) degli utenti che hanno acquistato quello specifico prodotto e sono (molto) soddisfatti;
- tranquillizzarlo sulle tempistiche di spedizione, metodi di pagamento sicuri, possibilità di reso/rimborso, etc.

In questo step specifico, non bisogna distrarre il potenziale cliente. Solo passaggi chiari e semplici da compiere, fino a completare l'acquisto.

Nella pagina di conferma ordine, possiamo provare a far fare al cliente un ulteriore piccolo acquisto, di un importo inferiore rispetto a quello precedente. Ad esempio, nel caso specifico, possiamo proporgli un tappetino per proteggere il pavimento dal peso del tapis roulant e/o l'olio necessario per lubrificare il tappeto, che sono prodotti assolutamente collegati con il primo acquisto.

## 6.4 COME CREARE UNA RELAZIONE DURATURA CON I CLIENTI

L'approccio descritto nel paragrafo 5.2 è assolutamente valido, ma ha un limite: termina nel momento in cui il cliente ha completato l'azione. Per ovviare a tale limite, è necessario introdurre 3 step aggiuntivi.

Prima di vederli, però, è necessario fare una premessa. **Per far crescere il tuo business, puoi fare 3 cose:**

1. aumentare il **numero di clienti**;
2. aumentare il **carrello medio**;
3. aumentare la **frequenza di acquisto**.

Nella maggior parte dei casi, gli imprenditori scelgono la prima via. Il problema è che, come avrai sicuramente sperimentato sulla tua pelle (o meglio sulle tue tasche), acquisire un nuovo cliente ha costi elevati, quindi sarebbe un grosso errore fermarsi qui.

Al contrario, fare in modo che un cliente (già acquisito) acquisti di nuovo o acquisti di più, è molto più semplice. Spesso e volentieri, le aziende non fanno alcuna strategia in tal senso, ed è un grosso errore, che può costarti un sacco di sforzi (e di soldi).

Quindi, non si tratta più di portare un cliente a effettuare un'azione unica, ma una serie di azioni ripetute nel tempo. Questo modifica il percorso degli utenti, ma anche la forma: ed ecco che l'imbuto (funnel) si è trasformato in un cerchio.

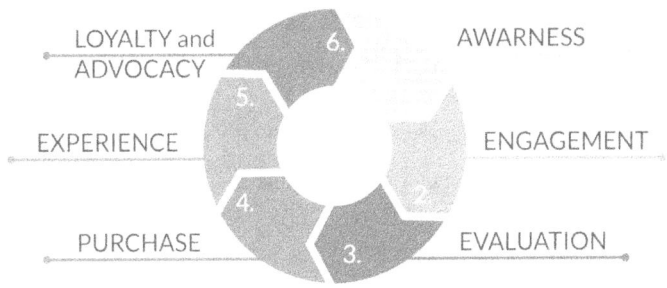

Figura 6.4 - Funnel circolare a 7 step

## Gli step aggiuntivi

Come anticipato, oltre ai 4 step visti in precedenza (Attrazione, Interesse, Desiderio e Azione), ne dobbiamo introdurre altri 3:

- Esperienza (*Experience*)
- Fedeltà (*Loyalty*)
- Promozione (*Advocacy*)

Vediamole in dettaglio, includendo anche le attività da mettere in campo per ognuna di esse.

### Fase 5: esperienza

Dopo aver effettuato l'acquisto, i clienti testano il prodotto/servizio e, qualora ci fossero problemi, anche il supporto post vendita. Anche in questa fase devi fare in modo che i clienti abbiano una esperienza straordinaria. Solo questo ti consentirà di mantenere, nel lungo periodo, la relazione con loro.

Devi, dunque, assistere il cliente nel post vendita (egli potrebbe contattarti per problematiche oggettive del prodotto, ma anche difficoltà nell'utilizzo dello stesso), dimostrando che l'azienda ha come obiettivo prioritario la sua soddisfazione.

**Fase 6: fedeltà**

Dopo l'acquisto, hai la possibilità di contattare i clienti, perché hai i loro riferimenti (indirizzo, email, telefono o magari tutte queste informazioni). Devi fare in modo che non si dimentichino di te e che tornino a comprare i tuoi prodotti/servizi.

In questa fase devi mantenere la relazione col cliente, inviandogli via email/sms/forma cartacea consigli, possibilità di testare nuovi prodotti, sconti, promozioni, etc.;

**Fase 7: promozione**

Ho seguito aziende che fanno tutti gli step descritti, ma non fanno nulla per fare in modo che i clienti soddisfatti parlino bene di loro ad amici, parenti o in rete. Un gran peccato, dato che questo è marketing (quasi) a costo zero!

In questa fase devi favorire la promozione da parte del

cliente, ad esempio inviandogli input del tipo "porta un amico e ricevi un regalo", piuttosto che "porta un amico e ricevete entrambi un bonus", etc. Il limite è solo nella tua creatività.

## 6.5 COME CREARE UN FUNNEL SOSTENIBILE

In questo libro, più volte, ti ho ripetuto quanto sia importante costruire e utilizzare un funnel. Ma non basta.

**Un funnel deve essere anche sostenibile, altrimenti non ha senso.** Approfondiamo questo concetto, facendo un piccolo passo indietro.

A meno che tu non abbia una start-up, dovresti sapere vita, morte e miracoli della tua azienda. Un dato molto interessante da avere, ad esempio, è il costo per vendita, ovvero quanto ti costa il prodotto che vendi.

Esso può dipendere da:

- costo dei materiali (o dei servizi da acquistare/realizzare);
- spese accessorie di acquisto;
- costo del personale;
- lavorazioni effettuate da terzi;
- utenze (acqua, luce, gas, internet, etc.);

- ammortamenti fabbricati, macchinari, attrezzature;
- spese esterne di manutenzione e pulizia;
- costi di marketing.

Oltre ai costi, dovresti sapere anche il guadagno medio che ogni cliente genera nel tempo (*CLV*, ovvero *Customer Lifetime Value*). Esso include la somma di tutti gli acquisti che egli ha effettuato, a cui devi detrarre: costi di marketing, provvigioni, costi del prodotto o servizio, costi di consegna/installazione.

Ecco, ora sei davvero in grado di sapere quanto puoi spendere mediamente per le campagne di marketing e comprendere se siano o meno sostenibili nel tempo.

Questa precisazione è fondamentale, perché molto spesso i clienti si concentrano sui benefici nel breve periodo e non su quelli nel medio-lungo (o totali).

Facciamo un esempio pratico prendendo in esame la mia attività. Come sai, io sono un consulente e lavoro in particolare per business online (come ad esempio e-commerce).

Ammettiamo che io decida di monetizzare la vendita di questo libro e che lo voglia vendere a € 15.

Ipotizziamo, inoltre, che il costo di ogni copia (tra stampa, grafica, etc.) sia di € 10.

Per poterlo promuovere sarà necessario:

- creare le campagne e dedicargli un budget;
- pagare i collaboratori (preparazione dei pacchi, assistenza clienti, emissione fatture, etc.);
- aggiungere le spese di spedizione e le tasse.

Calcoliamo, in aggiunta, questi altri oneri e supponiamo impattino di altre € 10.

Facendo un rapido calcolo, per ogni libro venduto, andrei in perdita di € 5.

Ok, qualcuno già avrà pensato *"sei un folle!"* per non dire altro. Ma attenzione, come possiamo trarre delle conclusioni, senza sapere cosa mi porterà la vendita del libro? Mi spiego meglio! Venduto il libro, avrò alcuni dati dei clienti, come ad esempio: nome, cognome, email, numero di telefono e indirizzo.

Come ho scritto in precedenza in questo esempio, il mio obiettivo è fare consulenza, non vendere libri.

Con i dati in mio possesso, avrò modo di contattare i clienti, farmi dare un feedback sul libro, inviargli una newsletter, offrirgli una consulenza gratuita, etc.

Insomma, avrò modo di rimanere in contatto con loro.

Ipotizziamo che io venda 1000 libri e che il 10% di chi

lo acquista diventi mio cliente. Pensi sia troppo? Facciamo il 5%? Pensi sia ancora troppo? Facciamo il 2%!

Quindi, su 1000 vendite (per cui ho perso € 5.000), acquisirò 20 nuovi clienti.

Il CLV medio di un mio cliente è di circa € 10.000.

Quindi, con le consulenze acquisite attraverso la vendita del libro, in media, incasserò € 200.000! Pensi che sia stato troppo ottimista? Ok, togliamo ancora un 50%!

In tal caso i clienti acquisiti saranno solo 10, ovvero l'1% di chi ha comprato il libro.

Il mio incasso sarà di € 100.000 - € 5.000 = € 95.000. Paradossalmente, anche se su 1000 vendite, acquisissi solo un cliente (quindi lo 0,1%), avrei comunque un guadagno di € 5.000.

Sei ancora sicuro che la mia scelta di vendere il libro sottocosto sia folle?

Ecco, **questi sono i calcoli che devi fare prima di iniziare qualsiasi attività di marketing.**

## 6.6 IN BREVE

In questo capitolo hai imparato:

- che il funnel è un processo che ha l'obiettivo di trasformare, in maniera strategica, un utente in un cliente;
- che sono innumerevoli i vantaggi del funnel marketing, primo tra tutti l'attrazione del cliente, evitando la "vendita a freddo";
- quali sono i modelli più utilizzati e cosa devi fare in ognuna delle fasi individuate;
- come creare una relazione duratura con i tuoi clienti, che miri alla loro fedeltà e soddisfazione;
- come creare un funnel sostenibile nel tempo.

# 7

## STRUMENTI DI WEB MARKETING

*Il novanta per cento del successo di qualsiasi prodotto o servizio sta nella sua promozione e marketing. (Mark Victor Hansen)*

Nel capitolo precedente, ho citato diversi strumenti di marketing che consulenti e agenzie utilizzano nelle loro strategie. Non è detto che tu li conosca tutti, quindi te li descriverò, uno per uno, così da darti una idea generale su di essi.

Nella lista non ho volutamente inserito, tra gli strumenti, i singoli canali social (Facebook, Instagram, Linkedin, etc.), in quanto immagino che tu li conosca già.

## 7.1 STRUMENTI WEB

Prima di passare agli strumenti web, è necessario fare una precisazione: spesso mi imbatto con siti che non sono in grado di accogliere opportunamente gli utenti.

Quando i clienti mi contattano per fare campagne per aumentare il traffico sul loro sito web (piuttosto che e-commerce, landing page, etc.), la prima cosa che faccio è visitarlo e mettermi nei panni di un potenziale cliente. Raramente ho visto un sito che fosse "pronto per la conversione", ovvero fosse ben studiato, per favorire l'azione desiderata dell'utente.

Ti condivido gli errori più comuni, così che tu possa evitarli:

- lentezza nel caricamento: il 47% degli utenti si aspetta che un sito web impieghi 2 secondi (o meno) per caricarsi; il 40% lo abbandona se il tempo di caricamento diventa superiore ai 3 secondi. E, per ogni secondo in più, il tasso di abbandono aumenta in maniera esponenziale. Inoltre, c'è un ulteriore risvolto dettato dalla velocità di caricamento: più il sito è veloce, più piace a Google e, quindi, ha benefici in ottica SEO;
- mancanza di usabilità: un sito web deve essere di semplice e immediata navigazione per gli

utenti. Deve essere studiato in modo che l'utente riesca a trovare facilmente ciò che gli interessa (ovvero in 2, massimo 3 click) e che lo guidi verso la conversione (che potrebbe essere un acquisto, una telefonata, una richiesta di preventivo, etc.);

- sito non ottimizzato per i dispositivi mobili: oggi il 70-80% del traffico web è generato da dispositivi mobili (smartphone, tablet, etc.). Eppure, molti siti non sono ancora ottimizzati per questi dispositivi o, per lo meno, non sono davvero ben ottimizzati. Questo si concretizza con la difficoltà di navigazione da parte degli utenti, con un eccessivo sforzo nel trovare le informazioni, etc.

- contenuti poco attraenti: i contenuti sono l'elemento focale di ogni sito. Il problema è che spesso essi non sono pensati per rispondere a precise esigenze degli utenti, ma solo dal punto di vista aziendale (quindi vantando le proprie competenze e i propri prodotti, senza considerare minimamente il punto di vista dei clienti);

- foto/immagini di bassa qualità: fanno percepire al cliente che anche il prodotto/servizio sia di bassa qualità. Fai, quindi, in modo che esse siano di una qualità eccelsa, specie se sono foto di prodotti. Inoltre

evita le foto stock (ovvero foto acquistate da internet, che vengono utilizzate da centinaia di altri siti), anche se di buona qualità;
- mancanza di ottimizzazione SEO: l'ho messa per ultima, ma probabilmente andrebbe inserita come prima voce. Assicurati che il tuo sito abbia tutte le caratteristiche per essere indicizzato al meglio sui motori di ricerca. Questo ti consentirà di avere maggiore visibilità e quindi più visite (a costo zero!).

La morale è: **prima di fare qualsiasi attività di marketing, assicurati che il tuo sito riesca ad accogliere al meglio gli utenti**, che sia semplice e che tutto il processo di conversione sia chiaro e lineare.

Passiamo ora a elencare i principali strumenti web.

**Sito web / Sito e-commerce**

Immagino che tu sappia cos'è un sito web, quindi non mi dilungherò più di tanto. Un e-commerce, invece, è un particolare sito web che consente l'acquisto online di beni e servizi.

Esistono diversi sistemi per la creazione di siti. Anche in questo caso, ti sconsiglio di partire dagli strumenti: considera i bisogni dei tuoi potenziali utenti. Gli strumenti devono essere sempre una conseguenza di questi ultimi.

Mi raccomando: nel tuo sito web aziendale, cerca di non fare nessuno degli errori che ho illustrato in precedenza.

**Landing page**

In italiano può essere tradotta in "pagina di atterraggio". È una pagina web, generalmente singola, strutturata in maniera specifica per accogliere gli utenti che hanno cliccato su un annuncio pubblicitario.

Perché dovresti creare una landing page se hai già un sito? Perché la landing page è studiata in maniera specifica per raggiungere un obiettivo di marketing (come ad esempio scaricare un ebook in cambio dell'indirizzo email, piuttosto che acquistare o richiedere un preventivo). È, quindi, priva di distrazioni e di elementi non funzionali per raggiungere l'obiettivo.

**Blog**

Un blog è un particolare sito web in cui vengono periodicamente pubblicati contenuti testuali e/o multimediali, sotto forma di post. I contenuti vengono visualizzati in forma cronologica inversa (ovvero dal più recente al più vecchio).

È uno strumento molto utile a livello di marketing perché, se ben utilizzato, permette di intercettare organicamente (quindi senza pagare) le ricerche degli utenti.

In particolare, riprendendo l'esempio dell'azienda che vende online tapis roulant, potrebbe essere senza dubbio utile integrare, all'interno del sito aziendale, un blog in cui pubblicare contenuti volti a captare le ricerche degli utenti, come ad esempio: "come scegliere il tapis roulant", "i migliori tapis roulant", etc.

L'obiettivo è quello di fornire all'utente le informazioni che cerca e poi proporgli anche la soluzione.

## 7.2 STRUMENTI DI MARKETING

Anche in questo caso è necessario fare una premessa: il marketing è una scienza, quindi **non partire mai dagli strumenti, ma sempre dalla strategia.**

**Search Engine Optimization (SEO)**

In italiano può essere tradotto in "ottimizzazione per i motori di ricerca". Esso racchiude tutte le attività volte a migliorare il posizionamento organico (quindi non a pagamento) di un determinato sito web sui motori di ricerca (quali ad es. Google, Bing, etc.).

Il motivo per cui è importante avere un buon posizionamento è che gli utenti, quando effettuano una ricerca, cliccano sui primi risultati e difficilmente scorrono in basso o addirittura nelle pagine successive.

I fattori di posizionamento presi in considerazione da Google sono circa 200 e possono essere suddivisi in due macro categorie: *on-page* e *off-page*.

Le attività on-page (dette anche "on-site") riguardano le caratteristiche tecniche che un sito deve soddisfare per "piacere" ai motori di ricerca, come:

- ottimizzazione del codice HTML;
- ottimizzazione della struttura del sito;
- ottimizzazione dei contenuti testuali;
- ottimizzazione delle immagini;
- gestione dei link interni ed esterni;
- struttura degli URL (ovvero gli indirizzi che caratterizzano ogni singola pagina web);
- utilizzo dei giusti tag di markup (ad esempio, i tag title, description, H1, H2, H3, etc.);
- presenza della sitemap;
- ottimizzazione per i dispositivi mobili;
- velocità del sito;
- ottimizzazione dell'esperienza utente.

Le attività off-page (dette anche "off-site"), invece, riguardano le strategie che hanno l'obiettivo di aumentare l'autorevolezza e la popolarità di un sito web. La tecnica più utilizzata in tal senso è la creazione di una rete di link, in maniera naturale o artificiosa (ovvero a pagamento), che punti verso un determinato sito web (questa attività viene chiamata *link building*). Mettere in campo tale strategia è molto importante, in quanto i link in entrata hanno un impatto significativo sulla possibilità di scalare i risultati di ricerca.

Per monitorare l'ottimizzazione SEO di un sito esistono diversi tool, sia gratuiti che commerciali.

Te ne indicherò qualcuno per ognuna di queste categorie, così che tu possa utilizzarli per il tuo sito web (o quello dei tuoi competitor).

Tool gratuiti (o parzialmente gratuiti):

- SEO Site Checkup (https://seositecheckup.com)
- Neil Patel (https://neilpatel.com/it/)
- SEO Tester Online (https://it.seotesteronline.com)

Tool a pagamento:

- SEOZoom (www.seozoom.it): ottimo, in particolare, per il mercato italiano;
- SemRush (https://it.semrush.com): perfetto per il monitoraggio di siti multilingue.

## Search Engine Advertising (SEA)

In italiano può essere tradotta in "pubblicità sui motori di ricerca". Essa racchiude tutte le attività di gestione di campagne di link a pagamento sui motori di ricerca. È uno strumento perfetto per intercettare la *domanda esplicita* degli utenti. Ovvero ricerche sui motori di ricerca come "scarpe da running", piuttosto che "web agency" o "avvocato a Roma".

Il sistema principale utilizzato per fare questo tipo di attività è Google Ads. La tipologia di campagne che si possono realizzare con questo strumento sono molteplici. Le principali sono:

- rete di ricerca: per intercettare le ricerche degli utenti. La promozione avviene attraverso un annuncio testuale che appare su specifiche query di ricerca indicate da chi fa pubblicità;
- shopping: per intercettare le ricerche relative a prodotti. La promozione avviene tramite una scheda caratterizzata da immagine e testo. Molto utile per i prodotti dove l'aspetto estetico ha una certa rilevanza;
- display: funziona più o meno con la stessa logica delle campagne Facebook, quindi va a lavorare sulla *domanda latente*. Consiste in annunci grafici (immagini o banner),

pubblicati in siti web oppure su applicazioni per device mobili;
- Youtube: è il secondo motore di ricerca più utilizzato al mondo (dopo Google). Tramite Google Ads è possibile pubblicare degli annunci video su YouTube. Consigliato per la fase di awareness e per fare retargeting.

**Social media advertising**

In italiano può essere tradotto in "pubblicità sui social network". Questo tipo di pubblicità può essere fatta sui principali social network, quali Facebook, Instagram, LinkedIn etc.

Questa tipologia di inserzioni, è utilizzata principalmente per stimolare la *domanda latente*, ovvero un possibile interesse dell'utente a un prodotto/servizio, per il quale non ha espresso un interesse esplicito (ad esempio attraverso una ricerca su Google).

È molto utilizzato, in particolare in specifiche fasi del funnel, per la possibilità di fare una ottima profilazione del target.

**Retargeting / Remarketing**

Con il termine Retargeting si intendono le attività volte a reintercettare tutti coloro che hanno fatto specifiche azioni. Ad esempio visitare il sito web (o magari pagine specifiche di esso), visualizzare un prodotto senza procedere all'acquisto o abbandonare il carrello.

La differenza con il Remarketing è che, nel secondo caso, facciamo attività su utenti di cui abbiamo già le informazioni, mentre nel primo caso no.

**Marketing automation**

Per marketing automation si intende un software che permette di automatizzare alcune attività ripetitive di marketing. Questo si concretizza con l'invio automatico di e-mail, la classificazione dei contatti in base alla qualità, la pianificazione dei post sui social, etc. Permette di incrementare l'efficienza e di ridurre i costi.

**Email marketing / SMS marketing**

È una forma di marketing diretta (DEM) in cui si va a sfruttare la lista di contatti (email o sms) in possesso dell'azienda. Lo scopo è quello di creare le relazioni tra brand e clienti e/o inviare aggiornamenti di natura promozionale/commerciale.

Spesso, si pensa che questo tipo di comunicazione sia poco efficace a causa della grossa quantità di email che ognuno di noi riceve ogni giorno. Invece, per esperienza, ti posso dire che funziona ancora molto bene, a patto di avere una buona lista di contatti (quindi, mi raccomando: niente acquisti di liste nel mercato nero, niente marketing a indirizzi email pescati da internet o strategie simili).

**Chatbot**

È un software basato sull'Intelligenza Artificiale, in grado di simulare una conversazione in chat con un utente reale. Può essere implementato su Facebook Messenger, WhatsApp o Telegram ed è utile a scopo di marketing, per l'assistenza clienti o per inviare news, offerte e promozioni.

Il punto di forza dei Chatbot è che sono attivi 24 ore su 24, 7 giorni su 7 (e non è necessario stipendiarli né pagargli gli straordinari!).

## 7.3 L'IMPORTANZA DELLE RECENSIONI

Alle recensioni ho voluto dedicare una sezione a parte. Questo ti fa capire quanto io le consideri importanti, anche perché sono ancora poco utilizzate, salvo nei settori turistici e della ristorazione. Quindi, devi assolutamente approfittarne!

In questo libro hai compreso che, per fare in modo che la tua azienda cresca, non basta più fare i "compiti a casa" (ovvero creare un buon prodotto/servizio), ma è indispensabile instaurare rapporti di fiducia e stima con chi è già tuo cliente e con chi potrebbe diventarlo.

Questo è il motivo per cui tutte le moderne strategie di web marketing sono incentrate sulla creazione di interazioni con gli utenti. Il focus, come abbiamo detto più volte, è quello di far percepire loro che, dietro al tuo brand, ci sono delle persone competenti il cui obiettivo è la soddisfazione del cliente, prima ancora di un tornaconto economico. Questo farà in modo che i clienti apprezzino il tuo lavoro e che ti premino con recensioni positive.

**Perché dovresti raccogliere recensioni?**

Ora potresti chiederti: *"ma queste recensioni incidono realmente sulle vendite?"*.

Non solo incidono tantissimo, ma sono letteralmente INDISPENSABILI!

In base a un recente studio di Trustpilot (il sito di raccolta recensioni più grande al mondo), 9 persone su 10 scelgono un prodotto/servizio sulla base delle recensioni rilasciate da altri utenti. I parametri di valutazione sono il numero e la qualità delle recensioni. Un numero alto, infatti, viene associato a una migliore qualità del prodotto/servizio.

Quindi, quello che devi fare già da domani, è incentivare gli utenti a scrivere una recensione sul tuo prodotto/servizio, facendogli raccontare la loro esperienza. So cosa stai pensando: *"e se dovessero scrivermi una recensione negativa?"*. È un rischio da correre. Poi, sempre in base alle statistiche, il vero problema non è la recensione negativa, ma come l'azienda risponde (o addirittura NON risponde) a essa. Le recensioni negative, infatti, vanno gestite; in questo modo possono, addirittura, avere risvolti positivi (es. che credibilità daresti alle recensioni di un prodotto/servizio, se tutte fossero positive?).

**Come richiederle?**

Generalmente le persone sono pigre, quindi è davvero difficile che qualcuno ti lasci una recensione (positiva) senza che tu gli dia un incentivo a farlo.

Quindi ti consiglio di stimolare i clienti a lasciare recensioni facendogli un piccolo regalo. Potresti, ad esempio, dargli un codice sconto per il prossimo acquisto, un ebook, erogargli gratuitamente un servizio per un periodo limitato di tempo, etc.

**Come devi utilizzarle?**

Le recensioni vanno utilizzate nelle comunicazioni di marketing (ad esempio sui social), sul sito e, soprattutto, nelle fasi più calde del funnel, come ulteriore leva di acquisto.

Se ne hai già alcune, non accontentarti: esse, per essere

credibili, devono essere molte e su diversi prodotti/servizi.

Un ultimo consiglio: le recensioni del tipo "tutto perfetto!" oppure "gentili e professionali" non servono (quasi) a niente: stimola il tuo cliente a raccontare la sua esperienza, le sue paure prima di compiere l'acquisto o rivolgersi a te, a evidenziare i benefici che ha avuto acquistando da te. Solo così una recensione sarà davvero credibile.

## 7.4 IN BREVE

In questo capitolo hai imparato:

- quali sono i problemi/errori più comuni commessi nello sviluppo di un sito web;
- quali sono gli strumenti web maggiormente utilizzati;
- quali sono i principali strumenti di digital marketing;
- l'importanza delle recensioni, come raccoglierle e gestirle al meglio.

## 8

## ANALISI DEI DATI

*Senza i dati sei solo un'altra persona con un'opinione. (William Edwards Deming)*

Con i media tradizionali (tv, radio, carta stampata), era (ed è) molto complesso raccogliere dati in maniera scientifica. Si poteva desumere l'efficacia di una campagna pubblicitaria in base alla risposta dei consumatori, ma era davvero difficile fare analisi concrete.

Nell'era digitale, invece, siamo sommersi da dati. Quindi, abbiamo il problema opposto: è arduo riuscire ad analizzarli tutti (infatti si parla di *Big Data*). Ogni singola attività di un utente sul web viene registrata e questo produce una grandissima quantità di dati che, se opportunamente analizzata, consente di prendere decisioni data-driven (ovvero basate sui dati).

Pertanto la tua azienda, oltre a essere focalizzata sui bisogni dei clienti, deve essere anche data-driven.

Questo contesto ha influenzato anche la professione dei marketer digitali come me, che devono essere un mix tra arte e scienza: la parte artistica è necessaria per creare campagne emotive ed efficaci (ne parleremo meglio nel prossimo capitolo), mentre la parte scientifica è indispensabile per capire cosa funziona e cosa no.

**Il marketing senza il suo animo scientifico, infatti, non avrebbe alcun senso** (ed è anche il motivo per cui questo libro si intitola Metodo Funnel Scientifico). Tieni sempre a mente che, indipendentemente dal tuo settore, gran parte del successo delle tue campagne di marketing è determinato da quante informazioni hai sui tuoi clienti.

## 8.1 COSA ANALIZZARE

Devi analizzare i numeri. Solo studiando i dati puoi esaminare ciò che è stato fatto, imparare dagli errori e migliorare. Essere (solo) creativi e visionari non basta più: l'approccio scientifico e razionale, l'orientamento alla misurazione e quantificazione dei risultati diventano, infatti, parte integrante della strategia di marketing.

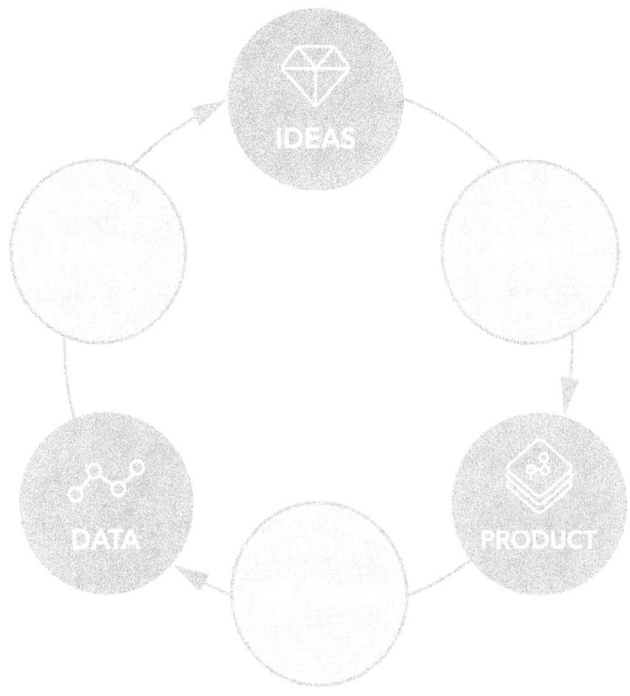

Figura 8.1 - Approccio data-driven nello sviluppo di prodotti/servizi

L'immagine riassume un orientamento data-driven nello sviluppo di prodotti/servizi:

1. all'inizio di tutto c'è l'idea imprenditoriale e la successiva realizzazione del prodotto/servizio;
2. nella fase di lancio e in tutte le fasi successive vengono raccolti i dati (attraverso siti web, canali social, conversazioni online, etc.);
3. i dati vengono processati e analizzati. Questo comporta una serie di valutazioni basate su ciò

che è andato bene e su ciò che, invece, si può ottimizzare;
4. sulla base di queste valutazioni si migliora la strategia di marketing e, se possibile, anche il prodotto/servizio.

Questa procedura, come si evince dall'immagine, è infinita e mira costantemente al perfezionamento.

## 8.2 PERCHÉ FARLO

Il motivo più banale per cui dovresti analizzare i dati è **minimizzare il rischio di errore e, soprattutto, evitare di prendere decisioni basate sulle percezioni**.

Nello specifico, oltre a quanto detto in precedenza, analizzare i dati ti consente di:

- analizzare in tempo reale le performance;
- misurare in maniera scientifica le performance delle tue campagne di marketing;
- allocare correttamente il budget a disposizione;
- evitare di sprecare denaro e/o tempo;
- selezionare i canali più profittevoli;
- sapere cosa funziona e cosa no.

Ma se i dati ci sono e i vantaggi sono oggettivi, perché le aziende non lo fanno?

Ecco i principali motivi che ho riscontrato tra i miei clienti:

- eccessiva quantità di dati da analizzare;
- difficoltà nel dare un giusto peso ai vari dati nel definire i *KPI* (ovvero gli indicatori più importanti);
- difficoltà di aggregazione dei dati (quando ci sono diverse fonti);
- difficoltà di interpretazione dei dati;
- mancanza di competenze nell'analisi dei dati (*data analytics*);
- mancanza di approccio basato sui dati.

## 8.3 STRUMENTI DI WEB ANALYTICS

Fortunatamente, per la raccolta e l'analisi dei dati in ambito web, esistono software specifici, alcuni gratuiti, altri no. Anche in questo caso, mai partire dai software: analizza prima le tue esigenze e poi scegli gli strumenti adeguati.

Attraverso questi sistemi, avrai la possibilità di monitorare e consultare diverse informazioni, sia di carattere quantitativo che qualitativo, come:

- informazioni generali sugli utenti (età, sesso, zona geografica, etc.);
- informazioni specifiche (frequenza di rimbalzo, tempo di permanenza sulla pagina, numero e tipologia di pagine visitate, etc.);
- giorni e orari con maggiore affluenza;
- come gli utenti arrivano sul sito;
- dispositivi utilizzati;
- azioni compiute.

Tra i software più popolari di analitica c'è Google Analytics, strumento gratuito di Google che rappresenta un ottimo punto di partenza. Se non lo hai installato sul tuo sito web, ti consiglio di farlo immediatamente.

Altri software di analitica che ti consiglio sono:

- Kissmetrics - kissmetricshq.com
- Matomo - matomo.org
- Crazyegg - crazyegg.com
- Open Web Analytics - openwebanalytics.com

## 8.4 IN BREVE

In questo capitolo hai imparato:

- che tutte le decisioni che prendi devono essere

basate sui dati, così da minimizzare i rischi di errore;
- quali sono i dati da analizzare e come una corretta analisi possa aumentare l'efficienza aziendale e la qualità dei tuoi prodotti/servizi;
- quali sono gli strumenti di Web Analytics consigliati.

# 9

## PSICOLOGIA APPLICATA AL MARKETING

*"Se cerchi di persuadere qualcuno a fare qualcosa o a comprare qualcosa, forse dovresti utilizzare il suo linguaggio, il linguaggio in cui pensa." (David Ogilvy)*

Marketing e psicologia sono un connubio imprescindibile. Non a caso, nel 2012, Ale Smitds ha coniato il termine *neuromarketing*, per indicare le tecniche neuroscientifiche utili ad avere una più completa comprensione del consumatore e creare strategie di marketing più efficaci.

Nutro un profondo amore per entrambe le discipline, fin da quando ero molto giovane. La cosa che mi appassiona di più è capire cosa spinga un utente a fare un determinato percorso online (o offline), o il motivo per il quale venga influenzato da un particolare messaggio di marketing.

Noi *marketers* non siamo di certo degli esperti in psicologia, ma amiamo vedere gli effetti che essa ha sugli utenti. Inoltre, abbiamo il privilegio di poterlo osservare da un punto di vista pratico e misurabile.

In questo capitolo vedremo come utilizzare al meglio la psicologia nei siti web e nelle campagne di marketing.

## 9.1 LA PSICOLOGIA ALL'INTERNO DEL SITO

**Psicologia del colore**

Una recente ricerca ha dimostrato che impieghiamo solo sette secondi per giudicare un'altra persona quando la incontriamo per la prima volta.

Per i siti web, accade la stessa cosa: il 60% degli utenti ammette che è influenzato dal colore, a livello conscio o inconscio, mentre visita un sito. Usare i colori giusti, infatti, può aiutare il cliente a rilassarsi, a sentirsi a suo agio, a navigare più a lungo nel sito e a generare conversioni.

Quindi quale colore dovresti scegliere? Dipende dal tuo settore e dai tuoi prodotti/servizi. Facciamo qualche esempio: nella vendita di prodotti/servizi in cui è necessario rassicurare il potenziale cliente (es. le assicurazioni), ti consiglio uno sfondo bianco a cui abbinare il celeste pastello o il verde pastello. Se invece hai un sito che tratta prodotti costosi, il nero potrebbe esser un'ottima scelta, in quanto rappresenta eleganza e lusso.

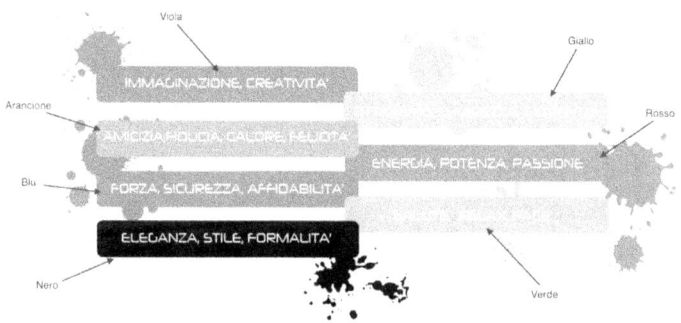

Figura 9.1 - Colori ed emozioni

In ogni caso, mai esagerare: ti consiglio di utilizzare al massimo 2 o 3 colori per il tuo sito web e, nota importante, assicurati sempre che i pulsanti delle *Call To Action* (ovvero l'invito all'azione rivolto all'utente, che può essere rappresentata da un messaggio testuale, un pulsante o un'immagine), siano in contrasto con il colore di sfondo, così da risaltare maggiormente.

**Fluidità cognitiva**

Due recenti ricerche hanno dimostrato che

impieghiamo circa 0.05 secondi per giudicare un sito web e che la soglia di attenzione di un utente è limitata a circa 8 secondi.

L'utente che atterra sul sito, valuta in una frazione di secondo l'attività cognitiva richiesta (ovvero quanto è complesso il sito). Se è troppo complesso lo abbandona entro qualche secondo.

La fluidità cognitiva è determinata dai seguenti fattori:

- familiarità che l'utente percepisce;
- chiarezza;
- leggibilità (che aumenta la sensazione di verità);
- umore dell'utente (il buon umore influisce positivamente sulla fluidità cognitiva e viceversa).

Alcuni consigli per migliorare la fluidità cognitiva del tuo sito:

- usa termini semplici, ancor di più se vendi un prodotto/servizio complesso;
- le Call To Action devono essere sempre chiare e concise;
- aiutati con delle immagini/foto chiare e in linea con il messaggio che vuoi comunicare;

- ove possibile, usa video e infografiche, specie se devi comunicare idee complesse.

**Teoria della percezione**

La teoria della percezione prende spunto dalla Psicologia della Gestalt, una corrente di pensiero nata in Germania fra la fine dell'Ottocento e gli inizi del Novecento, secondo la quale non vediamo la realtà per quella che è, ma per come la percepiamo. Quindi la visione della realtà è influenzata dalle nostre esperienze, in termini di: comportamenti, pensieri ed emozioni.

Perché ti sto dicendo tutto questo? Perché questa teoria condiziona anche i siti web e la loro struttura.

Ad esempio: mettere il menu in basso a sinistra, per quanto possa essere originale, può creare una sensazione di smarrimento nell'utente, che è ormai abituato a vederlo in alto, tipicamente alla destra del logo.

Quindi evita di essere "creativo per forza" o di avere l'obiettivo di fare un "sito web diverso da tutti gli altri". Sicuramente avere degli elementi di diversità attrae l'attenzione, ma occhio a non esagerare, altrimenti l'unico obiettivo che raggiungerai sarà quello di far scappare l'utente!

## 9.2 LA PSICOLOGIA NELLE CAMPAGNE DI MARKETING

Conoscere i principi psicologici più efficaci, per incoraggiare gli utenti a compiere una determinata azione, è davvero utile nelle attività di digital marketing: ti consentirà, infatti, di raggiungere gli obiettivi con uno sforzo minore e una efficacia maggiore.

Nota bene: l'obiettivo di queste strategie NON è quello di truffare il cliente o di raggirarlo, ma solo ed esclusivamente di aumentare l'efficacia delle tua comunicazione e delle tue campagne di marketing.

Vediamo quali sono e come sfruttarli:

**Reciprocità**

La reciprocità si basa sul bisogno (inconscio) che sentiamo di ricambiare un favore ricevuto.

Quando riceviamo regali, inviti o favori, infatti, ci sentiamo obbligati a contraccambiare. Non a caso, spesso, le aziende regalano contenuti utili e interessanti ai loro potenziali clienti, così che essi siano più propensi ad acquistare quel determinato brand.

**Riprova sociale**

Riteniamo maggiormente validi i comportamenti e le

scelte che vengono effettuati da un gran numero di persone e crediamo che l'opinione di "molti" sia più autorevole di quella di un singolo individuo. Ecco perché, in caso di indecisione, acquistiamo i prodotti che hanno più recensioni, più stelline, una posizione più alta in classifica, etc. Nella comunicazione, quindi, può essere utile adoperare frasi del tipo: *"acquistato da oltre 1000 persone"* , piuttosto che *"numero 1 nella classifica dei libri di marketing"*, oppure *"valutazione media basata su 200 clienti, 4.8 su 5"*.

### Scarsità

Il principio di scarsità descrive come le opportunità ci appaiano tanto più desiderabili quando la loro disponibilità è limitata. Le persone, infatti, sono più motivate ad agire dal timore di una perdita, che dalla speranza di un guadagno (di pari entità).

Pensa, ad esempio, alla sensazione che ti suscita la frase *"ultima camera rimasta, affrettati!"*, quando stai prenotando una struttura ricettiva su un noto portale di prenotazione online.

### Paradosso della scelta

Siamo convinti che la possibilità di avere molte alternative tra cui poter scegliere sia una cosa positiva. Eppure, la verità è che troppa scelta spesso si trasforma in un problema: non saper scegliere. Quindi, ti consiglio di limitare il numero di proposte (2 o 3 prodotti sono più che sufficienti), di categorizzarli qualora l'offerta sia molto vasta e, soprattutto, di guidare l'utente verso la scelta. Altrimenti rischi che faccia la scelta più semplice possibile: quella di non scegliere.

**L'impegno e la coerenza**

Il bisogno di essere/sembrare coerenti con ciò che si è fatto/detto rappresenta un'arma potente di influenza sociale. Chi è coerente, infatti, è considerato logico, stabile, onesto, mentre chi agisce in maniera contraddittoria è giudicato in maniera negativa, percepito come un bugiardo o addirittura non troppo sano di mente. Nella tua strategia di marketing, puoi sfruttare questo principio facendo impegnare il potenziale cliente a fare una piccola azione; successivamente, gli potrai proporre delle attività a maggiore impegno, sempre in coerenza con l'azione precedente.

**Similitudine / Simpatia**

Tendiamo a fidarci di più delle persone con cui sentiamo di avere un feeling.

In particolare, ci piacciono maggiormente le persone:

- simili a noi;

- che ci fanno complimenti;
- con cui collaboriamo per raggiungere gli stessi obiettivi.

Instaurando un legame di simpatia e similitudine tra le parti, siano esse reali o presunte, diventa molto più facile influenzare le scelte del potenziale cliente.

## 9.3 IN BREVE

In questo capitolo hai imparato che:

- marketing e psicologia sono un connubio imprescindibile;
- puoi utilizzare la psicologia per migliorare il tuo sito e l'esperienza degli utenti;
- puoi utilizzare la psicologia per aumentare l'efficacia delle tue campagne di marketing.

## 10

## COME COMUNICARE EFFICACEMENTE CON I CLIENTI

*La regola aurea del marketing: proponetevi ai vostri clienti così come vorreste che si proponessero a voi. (Philip Kotler)*

Nei capitoli precedenti, abbiamo visto che **i clienti non sono tutti uguali e non dobbiamo "parlargli" allo stesso modo.**

Pertanto, prima di concludere il nostro percorso insieme, ho inserito questo "capitolo bonus" in cui parleremo di approcci pratici (a tratti anche poco intuitivi) alla comunicazione con i clienti.

Potrebbe sembrarti un po' come un "cavolo a merenda", dato che questo è un libro di digital marketing. Credo, invece, che saper comunicare bene con i tuoi clienti, sia un elemento indispensabile per rendere maggiormente efficaci tutti gli step visti in precedenza.

## 10.1 LE DIVERSE TIPOLOGIE DI CLIENTI

I clienti possono essere raggruppati in 8 tipologie differenti. Vediamoli dal punto di vista aziendalistico, senza dimenticare qualche piccolo consiglio, per ognuna delle tipologie individuate.

**1. Potenziali**

Sono potenziali clienti in target, ma non sono mai venuti in contatto con i tuoi prodotti/servizi o con le tue iniziative di marketing. In sostanza, sono perfetti sconosciuti, ma dei potenziali clienti in prospettiva.

**2. Lead**

Sono utenti che hanno mostrato interesse per i tuoi prodotti/servizi e di cui hai i contatti (ad esempio l'indirizzo email o il numero di telefono). Devi fare in modo di nutrirli nel tempo attraverso la *Lead Nurturing*. Consiste nell'instaurare comunicazioni personalizzate con gli utenti al fine di informarli, educarli e prepararli all'acquisto.

**3. Prospect**

Sono i contatti di potenziali clienti a cui hai inviato i tuoi materiali di marketing (digitalmente o in formato cartaceo) e sono interessati all'acquisto. Il tuo obiettivo nel breve periodo è portarli a fare un acquisto di front-end (ad esempio, ipotizzando che tu venda corsi e libri, gli potresti far acquistare un libro, oppure un e-book a un prezzo vantaggioso).

## 4. Acquirenti

Sono coloro che hanno acquistato da te una volta. In fase di completamento dell'acquisto, puoi provare a fare un *up-selling* (ovvero fargli acquistare un prodotto simile a quello individuato, ma più costoso. Ad esempio, se sta acquistando una TV 55 pollici, gli puoi consigliare una TV 55 pollici smart, che ha un costo maggiore) o *cross-selling* (ovvero proporgli un prodotto collaterale a quello acquistato. Sempre rimanendo sull'esempio della TV, potresti proporgli una staffa per montarla a muro).

## 5. Clienti

Sono coloro che hanno acquistato da te almeno 2 volte. Normalmente sono considerati clienti coloro che hanno fatto un solo acquisto, ma dai dati sappiamo che, mediamente, il 70% non acquisterà più da te. Quindi, ti consiglio di considerare tuoi clienti solo coloro che hanno fatto almeno 2 acquisti.

## 6. Fan

Sono i clienti che acquistano regolarmente da te e

parlano bene ad altre persone dei tuoi prodotti/servizi. Sono i tuoi clienti più importanti, quelli a cui devi dare la massima attenzione e che devi stimolare di più. Non fare l'errore delle compagnie telefoniche che danno importanza ai clienti solo dopo che sono passati ad altro gestore!

**7. Referral**

Sono (nuovi) clienti acquisiti tramite passaparola di clienti soddisfatti. É una delle strategie di marketing maggiormente vantaggiose dal punto di vista economico (poiché è a costo zero o quasi), ed è molto efficace, perché fa leva sulle esperienze autentiche dei clienti. Quindi ti consiglio di elaborare una strategia per stimolare i tuoi clienti a presentartene di nuovi.

Tieni conto anche del loro imbarazzo nel far ciò (caso tipico: il tuo cliente ti presenta a un amico e quest'ultimo, provato il tuo prodotto/servizio, non ne resta soddisfatto e se ne lamenta con il tuo cliente). Elabora, quindi, una campagna con una offerta di fiducia e sicurezza, così da ovviare a questo problema. Ad esempio: "porta un amico e dagli la possibilità di provare gratis il servizio per 30 giorni e, se non è soddisfatto, non pagherà nulla".

**8. Persi**

Hai i loro contatti nel tuo database, ma non sono più

tuoi clienti. Tralasciando le motivazioni per cui non lo sono più, ti consiglio di fare specifiche campagne di riattivazione clienti, con una offerta straordinaria. In sostanza: cerca in qualche modo di recuperarli!

## 10.2 I LIVELLI DI CONSAPEVOLEZZA DEI CLIENTI

Rispetto al prodotto/servizio che vuoi vendere, è indispensabile comprendere a quale grado di consapevolezza è il cliente, per adeguare la comunicazione di conseguenza.

Ad esempio, con un cliente inconsapevole non possiamo usare una comunicazione diretta come *"acquista il mio prodotto/servizio"*, perché probabilmente non è a conoscenza di avere un problema/esigenza. Mentre è indispensabile educarlo/informarlo, attraverso i contenuti, così da renderlo piano piano consapevole e pronto all'acquisto.

Gli utenti possono avere 5 gradi consapevolezza:

**1. Inconsapevoli**

Non sanno di avere un problema/esigenza, non sanno chi sei, né quali prodotti/servizi offri.

**2. Consapevoli del problema o del desiderio**

Sono utenti consapevoli del loro problema, ma non sanno che esiste una soluzione.

### 3. Consapevoli della soluzione

Sanno che esistono diverse soluzioni al loro problema/esigenza, ma non sanno quale scegliere, poiché non hanno abbastanza informazioni per farlo.

### 4. Consapevoli del prodotto

Tra tutte le possibili soluzioni, hanno scelto quella che ritengono sia più adatta alle loro esigenze. In questa fase, il problema è che non sanno da chi acquistare il prodotto, quindi cercano informazioni online (e offline) per capire quale sia il miglior fornitore.

### 5. Completamente consapevoli

Ovvero un cliente che ha acquistato da te.


## 10.3 TIPI DI APPROCCIO VERSO I POTENZIALI CLIENTI

Abbiamo visto che più i clienti sono inconsapevoli e più l'approccio a livello di comunicazione deve essere indiretto. Per ognuno (o per lo meno per ogni grado di consapevolezza) è necessario fare una comunicazione ad hoc, altrimenti le campagne non funzionano.

Di seguito 6 possibili approcci : il primo è un approccio del tutto indiretto, mentre l'ultimo è estremamente diretto e va utilizzato solo con i clienti pronti all'acquisto.

## 1. Approccio attraverso una storia

Per comunicare con i clienti inconsapevoli, un'ottima strategia può essere quella di utilizzare lo storytelling, testimonianze, biografie di guru, prove scientifiche, etc.

## 2. Approccio con annuncio

É un approccio abbastanza indiretto e ha l'obiettivo di "far saltare il cliente (inconsapevole) sulla sedia". Lo scopo è quello di fargli abbassare la guardia. Ecco alcuni esempi: *"perdi peso con la cioccolata"* oppure *"mago della matematica svela segreti incredibili sulle sue abilità di calcolo"*.

## 3. Approccio attraverso un segreto

Questo tipo di approccio, che deve essere utilizzato con gli utenti che hanno una consapevolezza media, si basa su una formula, un sistema o informazioni riservate che "fanno gola" al cliente. Ad esempio: *"scopri la tecnica segreta per dimagrire in 7 giorni"* oppure *"scopri i 5 segreti utilizzati dagli uomini più ricchi al mondo"*.

## 4. Approccio problema-soluzione

Questo approccio utilizza la leva emozionale ed è abbastanza diretto, quindi va utilizzato con gli utenti mediamente consapevoli. La comunicazione viene incentrata sul problema del cliente e sul relativo disagio che gli crea. Ad esempio: *"hai mani e piedi che sembrano blocchi di ghiaccio?"*.

### 5. Approccio con promessa

É un approccio abbastanza diretto, che evita di andare subito al punto, ma che mette chiaramente in risalto il beneficio che il cliente avrebbe dall'acquisto. Ad esempio *"mani e piedi sempre caldi grazie ai nostri prodotti termici"*.

### 6. Approccio con offerta

É un approccio diretto, che va dritto al punto e quindi va utilizzato solo con gli utenti estremamente consapevoli. Ad esempio *"acquista i nostri prodotti termici"*.

Concludendo, è importante che tu faccia due riflessioni:

1. in tutti i casi, cosa vuoi vendere non è importante, quello che è importante è l'approccio e la comunicazione che utilizzi;
2. hai notato che l'approccio diretto si utilizza solo con i clienti che sono consapevoli del prodotto/servizio? Quante volte hai erroneamente utilizzato questo approccio,

nelle tue campagne, per comunicare con tutti gli utenti?!

## 10.4 LE TECNICHE PER GESTIRE LE OBIEZIONI

Una premessa importante: nessuno può convertire un cliente non target in un cliente target. Se una persona ha delle credenze, sarà quasi impossibile sfatarle, quindi evita di utilizzare questa strategia.

Come puoi accorgerti se un cliente non è un target? Dalle sue risposte! Ecco alcuni esempi:

- *"mi mandi pure una email"*;
- *"mi lasci una brochure"*;
- *"devo pensarci un po' su"*;
- *"il prezzo è troppo alto"*;
- *"al momento non è una priorità"*;
- *"siamo contenti con il nostro fornitore"*;
- *"ho bisogno di valutare altre offerte"*;
- *"devo parlare con il capo/collega/CDA/marito/moglie"*.

Quindi, come prima cosa, cerca di parlare <u>solo</u> agli utenti in target.

Al netto di questa premessa, la conclusione di un contratto, nella maggior parte dei casi, avviene attraverso una trattativa. In questa fase, scordati di dover superare le obiezioni del cliente o di doverlo convincere del tuo punto di vista. Le tecniche che vedremo non servono a questo scopo, ma solo a ricondurre la conversazione a una posizione di vantaggio rispetto al potenziale cliente.

Alcune note:

- nelle conversazioni in esempio, "C" sta per Cliente, "V" per Venditore;
- le tecniche descritte non sono degli "strumenti magici", ma solo delle possibili strategie per portare a buon fine la trattativa;
- alcune tecniche possono sembrarti strane, controintuitive e magari distanti dal tuo modo di essere. Valuta quali possono fare al caso tuo. I miei sono solo esempi di utilizzo;
- le tecniche descritte possono/devono essere utilizzate in maniera combinata.

## 1. Complimento, chiarificazione ed espansione del concetto

Questa tecnica ti dà modo di avere ulteriori informazioni e di uscire da una situazione di stallo, che quasi sicuramente vedrebbe chiusa (negativamente) la trattativa.

C: *"Non vedo una applicazione specifica di questo prodotto/servizio nella nostra azienda"*

V: *"Questa è una osservazione interessante. Può farmi capire un po' meglio cosa intende?"*

C: *"Quello che voglio dire è che...."*

## 2. Chiudo e vado

É una delle tecniche più potenti, in particolare quando il cliente sta chiudendo le possibilità per andare avanti.

C: *"É veramente caro. Più di quello che volevamo investire."*

Il classico venditore, in questo contesto, cerca di convincere il cliente che il prezzo è trattabile, che si può trovare un accordo, che il prodotto è ideale per lui, etc. Io ti consiglio di adottare una posizione contraria a quello che lui si aspetta.

V: *"Ho la sensazione di aver sbagliato qualcosa di grave se siamo arrivati a questo punto. Le sto facendo perdere tempo, quindi magari è meglio se chiudo tutto e vado?!"*

C: *"No, mi interessa il vostro servizio... è solo che non disponiamo di tutta la cifra al momento. Potete venirci incontro con i pagamenti?"*

## 3. L'ingenuo

Questa tecnica ha come obiettivo avere maggiori informazioni, per poter gestire meglio la trattativa.

C: *"Abbiamo deciso di sospendere al momento, ne riparleremo tra un paio di mesi!"*

V: *"Sono un po' confuso. Mi ha detto che questo problema le sta costando € XXX al mese e che, quindi, è una priorità. Può aiutarmi a capire perché vuole rimandare? Devo essermi perso qualcosa..."*

C: *"Beh il vero problema è che..."*

### 4. L'altro cliente soddisfatto

C: *"Non sono sicuro che il vostro prodotto si adatti ad aziende come la nostra, in cui [bla bla bla]"*

V: *"Capisco la sua preoccupazione. Fortunatamente abbiamo avuto a che fare spesso con situazioni come la sua, quindi abbiamo sviluppato la soluzione XXXX che consente di [bla bla bla]. Gli ultimi ad averlo utilizzato con successo sono quelli della [nome società concorrente/simile, possibilmente vicino a loro]. Una cosa del genere pensa potrebbe funzionare anche con voi?"*

C: *"Ah, può spiegarmi meglio come funziona?"*

### 5. Anticipare un dubbio

Anticipo un possibile problema al cliente, che potrebbe essere un fornitore esistente, un processo, etc. Serve per capire "che aria tira", in modo da poter gestire al meglio la trattativa.

V: *"Non sono certo, ma ho come la sensazione che, nonostante voi possiate essere molto interessati al nostro prodotto/servizio, per voi sarebbe comunque impossibile cambiare, visto il lungo rapporto che avete con la [nome altra società di consulenza a cui si affidano]"*

C: *"Beh sono anni che lavoriamo con loro, ma ultimamente abbiamo avuto problemi per [motivo del problema], che per noi è molto importante. Quindi valutiamo alternative!"*

V: *"Seriamente, è sicuro che non le sto facendo perdere tempo o la sto mettendo solo in imbarazzo?"*

C: *"No, affatto, siamo interessati al vostro servizio"*

**6. Supponiamo che...**

V: *"Supponiamo che io le presenti i dati che mi ha chiesto e che questi dimostrino, senza dubbio, che la nostra soluzione risolve il vostro problema e siamo all'interno del vostro budget. Cosa succederebbe poi?"*

C: *"Lo compro!"*

Differentemente, il cliente potrebbe far emergere un altro ostacolo/problema che è bene conoscere, così da poterlo gestire.

**7. Da 1 a 10...**

Questa tecnica si può utilizzare in qualsiasi momento delle trattativa quando noti che il cliente è interessato, ma non è completamente convinto.

V: *"Mi sembra che siamo nella direzione giusta, ma non sono certo se siamo perfettamente in linea. Posso farle una domanda?"*

C: *"Sì, certo!"*

V: *"In una scala da 1 a 10, dove 10 è sinonimo che stiamo per fare un affare insieme e 1 è sinonimo che lei non farà mai affari con me: dove ci troviamo secondo lei?"*

C: *"Diciamo 7!"*

V: *"Sette. Bene! Siamo sulla strada giusta ma dobbiamo ancora lavorarci. Cose le serve, esattamente, per arrivare a 10?"*

C: *"Devo capire meglio [bla bla bla]."*

Dalla conversazione avrai modo di capire se c'è ancora qualcosa che non va, così da poterci lavorare.

## 10.5 ALCUNI ESEMPI PRATICI

Ora alcuni esempi, prendendo in considerazione alcune conversazioni tipiche tra cliente e venditore. Analizzeremo le differenze tra le risposte convenzionali e quelle descritte nel sottocapitolo 9.4.

**Esempio 1**

C: "Mi mandi/lasci pure le informazioni..."

Risposta classica del venditore: *"ok, la richiamo settimana prossima per sapere cosa ha pensato".*

In questo contesto si potrebbe usare la tecnica Complimento, chiarificazione ed espansione:

*"Sarò felice di farlo. Potrebbe dirmi nello specifico quali parti le interesserebbe approfondire? [Risposta del cliente] Interessante! Posso chiederle perché è così importante proprio quell'aspetto?".*

Con questa tecnica hai modo di riaprire un po' la comunicazione e capire a cosa il cliente è interessato.

In alternativa potresti utilizzare il Chiudo e vado:

*"Spesso, quando le persone mi chiedono di mandargli le informazioni, mi stanno dicendo, in realtà, che non sono interessate ma non sanno come dirmelo, magari per non sembrare scortesi. E' questo il caso?".*

Oppure potresti fare l'Ingenuo:

*"Mi scusi, sono un po' confuso. Non penso di aver avuto il tempo di interessarla davvero a sufficienza. Perché vorrebbe che le inviassi delle informazioni sui nostri prodotti/servizi?".*

**Esempio 2**

C: "Ci devo pensare..."

Le risposte tipiche di un venditore sono:

- *"esattamente a cosa deve pensare?";*
- *"il prezzo è bloccato solo fino a venerdì, poi da lunedì aumenterà. Non pensa che sia meglio concludere ora?";*
- *questo è l'ultimo che abbiamo in magazzino, non vorrà mica perderlo?".*

Invece potresti utilizzare il Complimento, chiarificazione ed espansione:

*"Interessante! C'è qualcosa che non ho chiarito a sufficienza e che le piacerebbe approfondire visto che siamo qui?".*

Oppure puoi usare il Chiudo e vado:

*"Ho la vaga impressione che sia una frase di cortesia, che ho sbagliato tutto e che lei non abbia nessun interesse nei nostri prodotti/servizi. Sia sincero, la prego, ho ragione?".*

O, in alternativa, il Da 1 a 10:

*"Mi sembra ovvio che lei sia piuttosto indeciso a riguardo. Posso farle una domanda? In una scala da 1 a 10, dove 10 è sinonimo che faremo certamente affari insieme e 1 è sinonimo che non c'è nessuna possibilità, dove si trova lei in questo momento?".*

**Esempio 3**

C: "Il prezzo è troppo alto".

Le risposte tipiche di un venditore sono:

- *"sì, ma se considera quanto risparmia in realtà è un ottimo investimento";*
- *"beh, se potessimo metterci d'accordo e le potessi fare un po' di sconto, avremmo risolto?";*
- *"in realtà, se calcola il costo al giorno è meno di XX €".*

Potresti utilizzare il Chiudo e vado, ad esempio:

*"Ho la vaga impressione che lei ci abbia tagliato fuori al di là del prezzo. Ho ragione?".*

Oppure L'ingenuo:

*"Oh cielo, troppo alto? Ora sono un po' confuso. Ero davvero convinto di aver capito che il prezzo fosse l'ultimo dei criteri importanti nella decisione. Cosa mi sono perso? Può aiutarmi a capire meglio?".*

O, in alternativa, il Supponiamo che..:

*"[nome o cognome del cliente] stiamo facendo business e il prezzo è sempre troppo alto. Supponiamo per un momento che il prezzo non sia un problema, quali altri dubbi ha sul nostro prodotto/servizio?".*

Spero che questi brevi esempi ti siano d'aiuto nelle tue trattative commerciali.

## 10.6 CONCLUSIONI

Il nostro viaggio insieme è, almeno per ora, concluso.

Se ti va, possiamo tenerci in contatto sul Gruppo Facebook segreto denominato **Metodo Funnel Scientifico**, al quale ti consiglio di iscriverti subito! Avrai modo di fare domande o chiarire i tuoi dubbi, confrontandoti direttamente con me e con gli altri membri della community.

Ci vediamo lì!

## RINGRAZIAMENTI

*Questo libro lo dedico alla mia famiglia, che mi supporta e sopporta, con una menzione speciale per mia madre Lucia e mia nonna Giovina.*

*Si dice che dietro ogni "grande uomo", ci sia una grande donna ed è esattamente così. Grazie, Sabrina, di esserci e per il tuo aiuto.*

*Grazie a Edoardo Bianchi e Matteo Favini di Host Consulting per la preziosa collaborazione nella stesura dei capitoli 2, 3 e 4.*

*Grazie a Eleonora, Francesca e, in particolare, a Katia per le numerose revisioni e a Fabio Costante per la bellissima copertina.*

*Infine, grazie a te per il tempo che hai dedicato alla lettura di questo libro. Spero sia stato utile e interessante.*

## L'AUTORE

Laureato in informatica, fondatore della web agency Web&Dintorni, che da oltre 10 anni si occupa di consulenza specializzata per siti web, e-commerce e strategie di marketing digitale. Co-fondatore della start-up Digital Unicorn. Responsabile e-learning dell'Università degli Studi di Teramo, docente di prestigiose realtà pubbliche e private, membro dell'International Web Association, è certificato EUCIP Core, Google Ads, Google Analytics e Google Partner. Aiuta le aziende a sviluppare il loro business sul web e a differenziarsi dai competitor, valorizzando la loro unicità.

**Rimaniamo in contatto**
Facebook: facebook.com/paologatti
Linkedin: linkedin.com/in/webedintorni

www.ingramcontent.com/pod-product-compliance
Lightning Source LLC
Chambersburg PA
CBHW050007230526
45465CB00003BB/1299